ESG 노마드

지속가능한 MICE를 향한 도전과 열정

목 차

구성원들의 ESG 이야기

들어가며

ESG는 이제 거대 담론이 아닌 일상의 우리 삶에 누구나 지키고 관심을 가져야 하는 일부분이 되었다. 특별함이 아닌 당연한 일상의 실천으로 추진해야 할 숙명인 동시에 또 하나의 기회이자 희망이고 미래이다! ESG를 실천하지 않거나 평가가 낮은 기업에 절대 투자하지 않는다는 기조는 전 세계적 현실이다. ESG는 결코 일시적인 트렌드가 아니다. 현재는 물론 미래의 가장 중요한 가치요, 분명한 실천 명제라는 것을 부인할 수 없다. 이유는 선택이 아닌 생존이기 때문이다. ESG는 시대 혁명이고 인류 회복을 위한 혁명인 동시에 새로운 경제 패러다임이요, 경제 혁명이다!

ESG로 진정한 경쟁 우위를 선점하라!

ESG는 진정한 경쟁력이 될 것이다. ESG 활동이 미흡한 기업은 두려움의 대상이 될 것이다. 전 산업계가 긴장하고 준비하고 실천하지 않으면 안 되는 절체절명의 경쟁 키워드로 자리 잡을 것이다. 모든 산업 환경에 있어 ESG 분야 전문 인력이 태부족한 상황이다. ESG야말로 지속 가능한 키워드 중에서 가장 핫한 키워드가 될 것으로 예견된다.

늦은 듯 그러나, 한발 빠른 스텝으로 성큼성큼 내딛는 서강대학교 경영전문대학원의 ESG Leadership 과정이 어느덧 4기가 진행 중이다. 아직은 시작에 불과하지만, 30기, 50기를 넘어 지속해야 할 과제 중 가장 중요한 과제가 아닌가 싶다. 이유는 ESG 교육은 하나의 산업 동향이나 트렌드를 넘어 ESG 문제를 깊이 있게 탐색하고 찾아 고치고 그 범위를 확장하고 지속해 가야 하는 산업 중 하나이기 때문이다. 내가 바라보는 지금의 ESG를 "ESG는 병든 세상을 치유하는 빛과 소금이다."로 축약해 본다. 그만큼 세상은 어디랄 것 없이 온통 중병에 걸려 있다. 우리 삶 전반에 자연환경, 사회 환경, 조직의 지배구조는 물론 정신과 영적 세계 모두 중병에 걸려 있다. 겉은 멋지고 화려하지만, 그 안을 깊이 들여다보면 대다수 중병에 걸려 있는 것을 알 수 있다, 곧 쓰러지지 않을 수 없는 위험천만한 상황에 닥쳐 있다는 표현이 부족하지 않다.

우리가 생존하는 이 지구상 크고 작은 존재 하나하나는 하나님으로부터 부여받은 귀한 선물이다. 모든 것에는 저마다 생명이 있다. 그러나 아낌없이 너무 잘 쓴 덕인지 함부로 사용한 결과인지 아무튼 곳곳은 경쟁하듯 재앙을 맞이하고 있는 게 지금의 현실이다. 우리는 이미 재앙의 시대를 살고 있다. 위급한 상황이다. 긴장의 끈을 단단히 부여잡아야 할 때다. 지금 우리에게 ESG라는 기회의 끈은 최후의 끈이나 다름없다. 선택할 여유는 사치다. 절체절명의 자세로 임해야 한다.

대한민국 첫 여성 법무부 장관을 역임했던 강금실 장관은 '지구와 사람'이라는 사회단체를 운영하며 지구 사랑에 빠져 있다. 그는 "이제 지구를 변론합니다."라는 주제를 세상에 던지며 지속 가능한 지구와 인간을 회생시키는 일에 도전하고 있다. 생태 환경이 무너지고, 사람이 사는 세상이 무너지는 것을 관찰하고 절박한 심정으로 매달리는 그의 모습이 아름다운 도전으로 다가온다. 지구를 사랑하고 ESG를 사랑하는 사람들에게 정말 진심으로 응원과 큰 박수를 보낸다. 문득, 지난 학기 강금실 전 장관이 서강대 ESG Leadership에서 강의하면서 병든 지구에 대해 갈급하고 안타까운 심정으로 원우들과 토론하던 모습이 떠오른다.

우리에게 던져져 있는 생태 위기, 탄소 중립의 법제화, RE100 등이 당장은 자신과 관련이 없다고 현실의 절박함으로 다가가지 않는다면 우리 사회는 정말 회생 불가능한 재앙이 올 것은 너무도 자명한 일이다. 예견된 지구의 종말에 앞서 우리가 노력하고 도전해야 할 일에 방관한다는 것은 모두가 지구 종말의 공범이 되는 일이다.

ESG의 대전환은 패악한 도덕과 악을 뿌리째 뽑아 버려야 하는 일대 혁명의 총합이다. 녹색 혁명으로의 대전환, 사회악의 대전환, 지배 구조의 대전환은 이제 선택일 수 없다. 우리 모두에게 주어진 물러설 수 없는 사명이다. 이를 위한 제도적 대안과 노력의 가장 먼저는 세계관의 변화가 일어나야 한다. 이를 뒷받침하는 것이 ESG를 바로 아는 교육이다. ESG는 단순히 문자로 해석할 일이 아니다. 교육이 먼저 혁신하고 새롭게 정의되어야 할 것이다.

법의 권리는 인간만이 누림이 아닌, 자연조차 법의 권리를 누려야 한다는 논리가 강금실 전 장관의 지구 법학이다. 그는 하늘과 나무, 강에도 법의 권리가 있다고 주장한다. 만물의 창조 원리는 자연의 이치를 근본에서 깨닫는 일이다. ESG는 비단 자연과 사회, 지배구조만이 아닌 만물의 창조 질서 원리를 바르게 깨닫는 기회이자 의무이다.

이번 서강대학교 ESG 3기는 ㈜디노마드 직원들의 위탁 교육으로 이루어져 감회가 크다. 첫째는 이대우 대표의 ESG를 실천하는 기업으로 도전하는 혜안에 깜짝 놀랐고 또 하나는 직원들의 ESG에 도전하는 교육 열기에 놀랐다. 3기를 마치며 원우들이 ESG 책을 함께 쓴다는 것은 ESG 관심을 넘어 비즈니스와 연계된 모든 이해관계자와 세상에 귀감이 되는 일이 아닐 수 없다. 다양한 분야 사람들에게 ESG의 작은 출발이 무엇인지, 왜 중요한지를 배우고, 깨닫고 실천하는 ㈜디노마드의 노력과 도전이야말로 아름답다는 표현이 아깝지 않다.

아울러 바쁜 일정 마다하지 않으시고, 서강대학교에서 늦은 밤까지 뜨거운 열정으로 강의해 주신 30여 분이 넘는 강사님께 깊은 감사를 드린다. 특별히 강금실 전 장관, 국회의원 김성주 의원, 국회의원 한정애 의원, 국민연금 김용진 전 이사장, 산림청 최병암 전 산림청장, 이유진 탄소중립위원 등 많은 ESG 전문인은 우리의 자산이다.

2023. 11. 01.
서강대학교 경영전문대학원 ESG Leadership 책임교수 천형성

ESG를 꼭 해야 할까?

이대우

나에게 이 질문은 1초의 주저함도 없이 즉시 '예스'라고 답할 수 있다.

ESG 경영뿐만이 아니라 여기에 디지털 기술 융합을 더한 DX 경영도 빼놓을 수 없는 키워드로 함께 생각해 본다. ㈜디노마드가 서강대학교에서 ESG 교육과 DX 교육을 접하기 전까지 이러한 용어들은 대기업에나 해당하는 단어들로 무관하게 바라보았다. 불필요하기보다 우리가 접근하기에 무겁다는 선입견이 있었다. 나의 이런 생각은 서강대학교 ESG와 디지털 기술 융합을 공부하면서 짧은 소견이었다는 것을 곧 알 수 있었다.

㈜디노마드 대표인 내가 직원들을 위한 교육으로 서강대학교 경영전문대학원에서 진행하는 ESG 교육과 DX 교육, MICE 교육을 선택한 것은 나와 회사에 새로운 도전이 되었다.

서강대학교 ESG 과정 수업을 통해 ESG에 관하여 더 적극적인 관심을 갖고 동참하는 기회가 되었다. 우리의 삶과 활동에 ESG적 사고를 통해 진정한 변화가 필요하다. 기업 활동에 따른 환경과 사회적 책임, 지배구조의 투명성 등 비재무적 정보가 시장에 어떤 영향을 미치는지,

투자 활동을 통해 어떤 경영 전략과 수익성 제고를 가져다주고 재무 공시와 함께 기업에 대한 건설적 성장 제고를 위한 중요한 수단이다.

㈜디노마드는 2022년부터 200여 명 되는 전 직원을 대상으로 MICE 교육은 물론 ESG, DX 교육을 필수 역량으로 추진하고 있다.

코로나19와 함께 시작된 교육을 시작으로 ㈜디노마드는 주 1일 출근제를 시행하며 디지털 근무- 메타버스 오피스 활성화, 스마트 오피스 자율 좌석제, 텀블러 제공. 음식물 남기지 않기, 플라스틱 빨대 사용하지 않기, 미사용 전원 내리기, 쓰레기 배출량 줄이기, 음식물 쓰레기 줄이기, 대중교통 이용 장려 등 우선 당장 실천 가능한 환경 중심으로 ESG를 실천하는 중소기업으로 발돋움하고 있다.

ESG. DX와 함께 기업 성장의 필수 경쟁력이 될 것이 자명하다. 그래서 우리는 한발 앞서 ESG 헌장을 만들어 ESG 기업 문화를 만들어 가고 있다. 자랑하기에 아직은 많이 부족하지만, 나름 MICE 업계에서는 파격적인 행보를 하고 있다고 자부해 본다. 나름 더 적극적인 자세로 200여 개 되는 협력 기업들과 ESG 헌장을 확대해 갈 계획이다. 이러한 작은 운동이 변화를 가져오고 개인의 삶과 가정에도 영향을 미치게 되어 결국은 다수가 함께하는 ESG를 만들고 공감하고 실천하고 성장하는 우리가 될 것으로 확신한다.

㈜디노마드는 2025년 상장을 목표로 준비하고 있다. ESG 공시를

미리 훈련하고 준비하는 마음으로 작은 꿈이지만 우리부터, 그리고 나부터 부서지고 고장이 난 세상을 새롭게 고치고 가꾸는 데 일조한다는 꿈을 꾸며 많은 기업이 함께하기를 기대하고 있다. 상장 이후 중견 기업으로 성장하는 미래 ㈜디노마드 기업상은 자타가 인정하고 존중하는 ESG다운 지속 가능 기업으로 성장하는 것을 목표로 도전하고 있다.

ESG에 관한 투자 자산은 최근 폭발적으로 상승했다고 한다. 독일 도이체방크는 ESG 투자 자산 규모가 2030년까지 약 130조 달러(한화 14경 6575조 원)에 달할 것으로 예측했다. ESG 기준을 세워야 하고 ESG 활동이 부족한 기업은 투자 대상에서 빠지기도 한다. 세계 최대 자산운용사 블랙록(Black Rock)은 ESG 종목을 지금의 2배로 늘리고 화석 연료와 관련한 매출이 25% 이상 발생한 기업에는 아예 투자하지 않겠다고 한다.

㈜디노마드의 ESG 경영
㈜디노마드의 ESG 경영은 건강한 경영을 위한 건강한 사고에서 출발한다고 본다. 모든 사고의 관점에 ESG를 바탕으로 두고, 그 가치와 철학을 새기며 판단하는 기준을 ESG로 바라보는 것이야말로 진정한 ESG적 경영이 아닌가 싶다.

㈜디노마드 ESG 헌장: 환경(E)

우리는 '세상을 더 즐겁게'라는 비전 아래,
환경 보호에 함께하고, 지속 가능한 친환경 발전을 실천하고자 한다.

하나, 우리는 환경 법규와 환경 관련 요구 사항을 성실히 준수한다.
- 분리수거 잘 하기

둘, 우리는 자원과 에너지 소모를 효율적으로 관리한다.
- 미사용 전원 내리기
- 이면지 활용하기

셋, 우리는 생활 속 폐기물 발생 및 배출량을 줄이기 위해 노력한다.
- 쓰레기 배출량 줄이기
- 음식물 쓰레기 줄이기

넷, 우리는 친환경 제품 사용을 늘리고, 오염 물질 발생을 최소화한다.
- 종이컵 대신 텀블러 사용하기
- 플라스틱 빨대 사용 줄이기

다섯, 우리는 온실가스와 공기 오염 물질 배출을 최소화하기 위해 노력한다.
- 대중교통 이용하기

여섯, 모든 MICE 행사에 ESG 관점 적용 및 자체 평가한다.

지속가능한 ESG

천형성

ESG는 환경(Environmental), 사회(Social), 지배구조(Governance)

⟳ ESG 정의

ESG 정의는 기관별 설립 목적 및 사업의 특성, 이해관계자의 차이에 따라 상이하다. 이들을 종합한다면, 투자 의사 결정, 장기적인 수익, 재무적인 가치, 경영 리스크, 사회 책임, 지속 가능성 등이 공통적인 키워드다. 자본 시장에서 집중해야 할 ESG 개념은 '투자 의사 결정 및 장기적인 재무적 가치에 영향을 미칠 수 있는 중요한 비재무적 요인들'이다.

⟳ ESG 요소

출처: UN, 'Principles for Responsible Investment'

🌓 ESG 공시 항목

출처: 한국거래소, 'ESG 정보 공개 가이던스'

🌓 ESG 경영 전략

기업의 비전과 명확한 목표, 설계, 경영 전략 등이 ESG 관점에 부합되어야 한다.

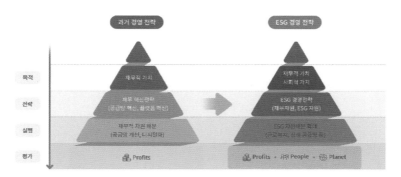

출처: 자본시장연구원

15

◎ ESG 경영에 따른 가치 제고 전략

기업의 적극적인 ESG 경영 활동(매출 증가, 금융 비용 절감, 재고 관리, 리스크 관리) 등으로 기업 가치 제고가 가능해진다.

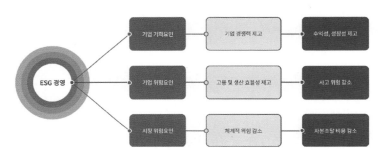

출처: 자본시장연구원

◎ 소비자의 변화

오늘날 소비자들은 가격이 다소 높더라도 사회적 책임을 적극적으로 수행하는 회사의 제품을 선호한다.

◎ 소비자 변화 통계

2021년 대한상의 조사에 따르면 63%의 소비자들이 제품 구매 시 ESG 활동을 고려한다고 응답하였다. ESG 활동에 부정적인 기업의 제품을 의도적으로 구매하지 않는 경험이 있다고 응답한 비율도 70% 이상이다.

◔ ESG 경영에 대한 국민 인식 조사 결과

63.0 %

☑ '제품 구매 시 기업의 ESG 활동 고려한다.'

70.3 %

☑ 'ESG 활동에 부정적인 기업의 제품을 의도적으로 구매하지 않은
    경험이 있다.'

88.3 %

☑ 'ESG 우수 기업 제품의 경우 추가 가격을 지불하고
    구매할 의향이 있다.'

☑ 'ESG 우수 기업 제품의 경우 추가 가격 지불 의향'
    10% 이상 (6.3%), 7.5~10% (8.0%) , 5~7.5% (13.3%)

출처: 대한상의 2021. 05.

소비자의 의식 변화가 기업의 ESG 경영을 촉진하는 계기로 작용하
고 있다. 이제 기업들은 친환경 정책 관철 등 ESG 경영에 힘을 쏟고
있는 게 현실이다.

◔ ESG 평가 지표

피상적이던 ESG 평가 지표가 투자자들도 꼼꼼히 살펴 투자를 결정
하는 것으로 달라지고 있다.

☽ ESG를 기업의 강력한 경쟁력으로 삼다.

ESG 평가 지표는 신용 평가, 투자 지표, 마케팅, 소비자 구매 활동에 직접적인 영향으로 가장 강력한 경쟁력으로 부상하고 있다.

ESG 경영의 시작은 ESG 관련 규제에 대응하고 기업의 투자나 자금 조달에서 ESG 관련 영향을 검토하는 것뿐만 아니라, 제품의 생산을 위한 공급망부터 사용 후 처리까지 전 과정에서 각 기업의 상품과 서비스가 사회에 어떠한 영향을 주는지 검토해야 한다.

결론적으로 기업은 ESG 경영에 따라 기업 가치가 달라진다는 것을 부인할 수 없는 현실이다. 동시에 소비자들은 구매 활동으로 기업을 판단한다. 지속 가능한 기업이 된다는 것은 소비자의 선택을 지속적으로 받을 수 있어야 유지, 성장이 가능하다.

☽ 경제 순환 모형

출처: '경제로 세상 읽기' 2021년 7월호, 지속 가능한 성장을 위한 기업의 노력, ESG 경영

지속가능경영을 위한 이슈 & 성장과제

🔄 **핵심동력 확보를 위한 기업의 주요과제**

출처:이준희 딜로이트 비즈니스 하이라이트
ESG 경영전략의 과제(통합적 지속가능경영을 위한 이슈를 중심으로)

- 업의 연계 중점이슈 선정 및 목표 수립을 통한 경쟁력 강화
- 지속가능경영 기반의 혁신제품 및 서비스 전사 확대
- 통합조직의 이사결정 체계 구조화
- 지속가능경영에 대한 업 관련 맞춤형 임직원 역량 강화 확대

19

- ESG 정보의 효율적인 취합·관리 체계 확립
- 재무·ESG 통합분석을 통한 전략적 커뮤니케이션 강화
- 사회적 가치 연계 공급망 관리 체계의 선진화
- 이해관계자 이슈 통합형 비즈니스 의사결정 구조 확립

ESG 경영의 성장전략 핵심은 최종적으로 기업의 가치를 제고를 통한 각각의 이해관계자의 인정과 존속을 기반한 안정적이고 지속적인 성장을 꾀하는 일이다. 이의 성과와 달성은 기업의 명확한 목표를 토대로 시장의 트랜드와 목소리에 귀를 기울이며 끊임없는 혁신과 도전만이 정답이 아닌가 생각한다.

🌀 ESG 통합경영의 의사결정 구조(예시)

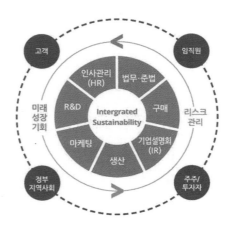

출처:이준희 딜로이트 비즈니스 하이라이트
ESG 경영전략의 과제(통합적 지속가능경영을 위한 이슈를 중심으로)

딜로이트 인준희, 딜로이트 비즈니스 하이라이트 ESG 경영전략의 과제에서 주장하는 위 그림은 통합관리 의사결정 협의체 개념과 구조(예)를 잘 설명하고 있다. ESG 경영은 무엇보다 전 인류가 고민하는 시대적 패러다임이다는 것을 분명히 인식한대서 다시 출발해야 한다. 부지런한 학습을 통해 지금 우리가 처한 문제를 발견하고 토론함으로써 새로운 공통의 관심 사항을 보다 정확하게 찾아내 공유하고 개선하는데 의사결정에 필요한 커뮤니케이션 구조가 포지셔닝되어야 제대로 작동하고 성과 도출이 가능하다고 본다.

ESG 지속가능경영의 결론은 ESG 경영이 모든 산업 분야를 막론하고 중요한 과제임은 틀림없다. 하지만 급격하게 부상과 광범위한 영역으로 소화가 쉽지 않다는 사실도 부인하기 어렵다. 개념의 모호성이나, 방향성, 적용 범위, 적용 전략, 전문인력 부재, 정보 부족, 예산 부족 등 어디서부터 언제부터, 어떻게 등이 어려워하는 현실이다. 그러나, 지금 우리가 소속된 자리에서 문제의 공감과 더불어 극복하고 개선하고자 하는 마음의 노력과 작은 실천으로부터 출발이 이슈이고 과제라 본다.

구성원들의
ESG
이야기

권경훈

디노마드 PM전략실 이사 (CPMO)

당신이 ESG를 공부하기 전에 바라보았던 ESG에 관한 생각은?

ESG에 관하여, ESG는 내게 그저 낯선 단어였을 뿐이다. ESG에 대해 학습하기 전에 ESG는 한낱 영어 단어에 불과했다. 그저 환경(Environment), 사회(Society), 지배구조(Governance)의 내용을 담고 있는 단어 그 이상 이하도 아닌 그냥 글자 그 자체였다. ESG에 대한 단어만 가끔가끔 들어 봤을 뿐 딱히 ESG에 관심이 있었던 것도 아니고 'ESG가 뭘까?'라는 관심조차 없었던 나는 ESG를 배우고 ESG에 대한 관심이 생겼으며 관련 사례들에 대해 궁금해지기 시작했다. ESG는 더 이상 기업에만 국한된 이야기가 아니다. 또한 경영을 하는 경영자의 관점에서만 나오는 얘기도 아니다. 앞으로 우리가 살아갈 이 사회 속에서 기업 활동의 친환경, 사회적 책임 경영, 지배구조 개선 등 투명 경영을 고려해야 지속 가능한 발전을 할 수 있다는 철학을 담고 있는 ESG는 개별 기업을 넘어 자본시장과 한 국가의 성패를 가를 키워드로 부상하고 있다는 생각이 들었다.

ESG 공부를 통해 무엇을 깨달았는가?

ESG를 기회로 기업 행동이 기업 행동에서 그치는 것뿐만 아니라 나아가 사회에 이익이 되도록 영향을 줄 수 있다는 사실에 놀랐다. '지속 가능한 발전'에서 시작된 개념으로 여기에 기업의 지속적인 생존과 성장에 직접적인 핵심 가치를 환경, 사회, 지배구조로 묶어서 말하게 되는데 특히 기후 변화, 환경 보호 등의 이슈를 발판 삼아 그 관심이 더욱 증폭되고 있다. 기업을 경영하는 데 있어서 재무적인 측면뿐만 아니라 환경까지 생각해 볼 문제라는 것이다. 과거에는 환경 오염에 대해서 크게 생각해 보지 않았는데 최근 몇 년간 세계적으로 탄소 중립과 같은 정책들은 기업들의 규제로 이어지게 되었다. 단순히 기업의 이익만이 아니라 사회적 책임을 갖고 지속 가능한 성장을 하는 것을 핵심으로 기업이 사회에 끼치는 영향까지 고려하여 발전 목표를 추구해야겠다는 깨달음을 얻게 되었다. 이제는 더 이상 ESG가 단순한 단어가 아닌 개인적으로, 사회적으로, 국가적으로, 전 세계적으로 다 함께 고민해 보고 실천하고 해결해 나가야 하는 우리 모두의 과제라는 생각이 든다. 또한 도덕적 가치 판단의 기준이 아니라 이제는 우리 삶의 영역 중 크게 한 부분을 차지하는 만큼 개인적으로도, 기업적 차원에서도, 국가적 제도 관점에서도 모두 다 함께 지켜 나가야 하겠다.

ESG 공부에서 가장 놀랐던 점은?

내가 바라본 ESG는 단순히 이익을 창출해 내는 기업이 아니라 투명 경영을 고려하여 지속 가능한 발전을 해야 한다는 목표를 가지고 기업을 경영하는 데 있어 주주의 가치만을 대변하는 이익만을 추구하는 것이 아니라 다양한 이해관계자들의 가치를 고려해야 그 기업이 장기적으로 지속 가능한 발전을 이룰 수 있다는 사실이 놀라웠다. 단순히 기업이 사회적 책임을 나누는 차원에서 그치는 것이 아니라 경제적, 사회적, 환경적인 다방면의 책임을 통해 다양한 이해관계자와 협력과 합의, 그리고 공생하는 길을 모색해야 기업의 생존과 성장도 가능하다는 내용이 기업을 경영하는 데 있어서 제일 중요하게, 또 깊게 생각해 봐야 할 이슈라는 사실이 분명하다.

ESG를 공부해야 할 중요한 이유는?

내가 추구할 ESG에서는 자본의 가치보다 더 중요한 비재무적 요소인 환경, 사회, 지배구조에 중점을 두고 지속 가능한 발전을 도모하는 것이다. 지금까지 기업은 이윤을 많이 내는 것을 최고의 가치로 여겨왔다. 뭔가를 팔아서 이익을 최대한으로 남기면 그것이 그 기업의 존재 가치였던 것이다. 하지만 패러다임이 변하고 있다. 기업과 정부에서도 이익을 내기 위해 과정보다 결과를 중시하던 풍토에서 환경과 사회, 그리고 지배구조 개선을 통해 서로 상생하는 가치를 창출하겠다는 노력이 중요해지고 있다. 이와 더불어 이러한 패러다임의 변화에 불편한 영역도 다소 존재한다. 바로 비재무적인 요소가 투자자들에게도 중요하게 다뤄지면서 이와 반대되는 경영에 대해서는 투자를 꺼리게 되는 경향이 있다는 것이다. 하지만 가장 중요한 것은 어떠한 기업이 사회 공헌의 가치를 실현하고 있는지 그 활동의 범위나 회사의 주력 사업과의 연계성도 함께 따져 보면 되겠다.

 ESG가 세상을 바꿀 수 있다고 생각하는지?

ESG 세상의 통로가 되다. ESG는 이미 우리 주변의 많은 것을 바꾸기 시작했다고 본다. 이제는 ESG가 우리와 소통의 채널이 된다고 봐도 과언이 아니다. 최근 환경 오염이 사회적 이슈로 대두되면서 ESG 경영의 일환으로 '무라벨', '무플라스틱' 등의 친환경 포장지 상품 출시에 기업들이 속속히 앞장서고 있는 모습을 볼 수 있다. 이처럼 환경을 생각하는 가치 소비가 새로운 소비 트렌드로 자리 잡으며 무라벨 제품과 같은 친환경 제품을 찾는 고객이 늘어나며 관련 업계에서도 '착한 소비'를 가능하게 하는 무라벨 상품들을 지속적으로 출시하고 있는 모습을 보면 ESG가 세상을 바꿀 수 있는 게 아니라 이미 그 변화는 시작되었다고 생각하며 이는 시작에 불과할 뿐 앞으로 많은 것이 점차 바뀌게 될 것이다.

 지금 당장 내가 실천해야 할 ESG는?

나의 전문성의 깊이를 더해 ESG 실천에 한발 앞서 나가야겠다.

ESG와 관련하여 ESG와 관련된 것, 사례나 동향, 정책에 대해 깊게 학습하여 접목시킬 수 있는 요소나 분야에 대해서도 탐색해 봐야겠다. 특히 나의 전문성을 더 성장시킬 수 있는 ESG 전략은 특히 환경이다. 각종 여러 가지 행사를 진행하는 데 있어서 불필요하게 낭비되는 자원이 많다. 여기에 ESG를 도입시켜서 지구를 보존하면서도 행사가 원활하게 진행될 수 있도록 고심해 볼 필요가 있다고 생각한다. 예를 들면 기업에서 무라벨 제품을 출시한 것처럼 '에코' 모드를 적용해서 낭비되는 자원들을 줄여 나갈 수 있다고 생각한다. 그리고 ESG를 함께 광고해서 환경까지 함께 생각하여 행사가 진행될 수 있도록 ESG를 함께 노출하는 것이다. 이러한 균형 잡힌 노력 속에서 지속적인 성장을 도모할 수 있다고 생각한다.

뿐만 아니라 일회용 컵 사용 줄이기, 분리수거 철저히 하기, 자차보다는 대중교통이나 자전거, 도보를 이용하기, 불필요한 인쇄물 줄이기, 사용하지 않는 전기는 끄고 다니기 등의 여러 가지를 실천할 수 있다.

내 삶에서 지속할 ESG를 공유한다면?

특히 내 삶에서 지속할 ESG는 ESG를 학습하고 실천하는 것이다. ESG에 대한 관심을 단기적으로 둘 것이 아니라 지속적으로 그리고 장기적으로 관심을 가지고 관련 내용에 대해 심도 있게 학습하여 이를 실천하는 것을 목표로 한다. 특히 생활 속에서도 쉽게 실천할 수 있다. 장을 보러 갈 때 장바구니를 들고 간다든지 무라벨 제품을 산다든지, 일반 빨대보다는 종이 빨대를 이용한다든지 등의 작은 생활의 변화로도 ESG를 실천할 수 있다. 이제는 ESG는 평생의 숙제가 아닐까 생각한다.

우리 회사가 반드시 실천할 ESG로 추천한다면?

ESG 마케팅을 통해 친환경 제품을 생산하거나 친환경 활동을 한다는 것을 적극적으로 알린다. 비슷한 사례로는 아모레퍼시픽에서는 희망하는 제품을 원하는 만큼만 용기에 담아 내용물을 소비해야 하고 첫 이용 시 리필 용기를 구매해야 하는데 리필 용기 또한 일반 용기보다 플라스틱이 적게 사용된 친환경 용기라고 한다. 또한 투썸플레이스에서 '투썸굿' 캠페인을 진행했다. 이 캠페인은 환경, 사회, 건강 3가지를 핵심 가치로 다양한 활동을 전개했다. 예를 들면 달리면서 쓰레기를 줍는 플로킹 캠페인 등이 있다. 이러한 사례처럼 ESG를 활용하여 마케팅을 하면 기업의 이미지도 올라가고 홍보 효과도 톡톡히 볼 거라고 생각한다. 이처럼 우리 회사가 추구할 ESG를 바탕으로 패러다임의 변화를 이끌어 나갈 수 있을 거라고 생각한다.

우리 사회가 추구할 ESG는?

  '착한 기업'에서 물건을 구매하고자 하는 소비자가 늘고, MZ 세대는 자신만의 정체성을 드러내는 가치 있는 소비를 추구하고 있다. 또한 기업들도 과거보다 환경 보호, 고용 평등, 작업장 안전 및 공정한 의사 결정 등에 대해 관심과 개선 노력을 기울이고 있다. 이러한 소비자와 기업의 행동 변화는 최근 경제 뉴스 등에서 자주 접할 수 있는 ESG와 연관이 있다. 우리는 ESG 가치 중심의 사회에 살고 있다. ESG 이슈의 등장 및 확산이 가속화되고 ESG 이슈의 복잡성, 파급력 및 사회적 관심이 증가함에 따라 기업의 ESG 관리에 대한 기대 또한 높아졌다. 이에 기업에서는 ESG 개념을 잘 알고 있는 사람을 채용하면 좋을 것 같다. ESG 개념을 장착하고 ESG 활동을 한 사람을 채용하는 시스템을 도입하여 환경도 지키고 사회에 기여도 하고 지원자 스스로도 본인의, 자신의 꿈을 함께 만들어 갈 수 있는 토대가 마련될 것이다. 우리 사회가 추구할 ESG의 가치가 마련되는 셈이다. 더 나아가 우리나라의 모든 기업에서 실천한다면 우리나라가 추구할 ESG의 가치는 더욱 높아질 것이다.

온 인류가 추구해야 할 ESG는?

  이제 환경 정책과 제품 개발을 별개로 생각하는 것은 구시대적인 발상이 되었다. 환경을 고려하는 것은 기업의 윤리가 아니라 매우 당연한 일이 되었다. 또한 이제는 '기후 변화'가 아니라 '기후 위기'의 시대가 찾아왔다. 이러한 관점에서 볼 때 환경과 비즈니스는 별개의 주제가 아닌 하나로 봐도 전혀 손색이 없다는 뜻이다. 이제 더 이상 ESG가 기업들에게 '실천하면 좋은, 착한 일'이 아닌 철저히 완벽하게 이루어져야 할 '숙제'가 되어 버린 것처럼 인류가 만들어 갈 ESG도 이제는 당연한 숙제가 되어 버린 것 같다.

　MZ 세대 소비자들의 ESG에 대한 관여도가 높아지고 있다. 환경에 관심이 많고 가성비보다 가치를 판단하는 MZ 세대, 소비자들의 ESG 소비 행태에 주목해 볼 필요가 있다. 가치 있는 소비를 생각하는 MZ 세대의 소비 마인드를 이유로 MZ 세대를 겨냥한 친환경 제품 및 캠페인 운동이 활발하게 일어나고 있다. 하지만 일부 기업이 매출을 늘리려고 친환경 마케팅을 남용하는 '그린 워싱'도 경계해야 할 것이다. MZ 세대의 '가치 소비'와 기업의 'ESG' 경영이 좋은 시너지를 낼 수 있도록, 서로 선순환하며 모두가 친환경 소비를 하는 세상이 오기를 간절히 바란다.

내가 좋아하는 ESG 이미지를 꼽는다면

1	지속 가능한 발전	기업의 안정적인 지속을 위해 환경과 사회를 고려한 의사 결정을 내리는 것이 ESG 경영의 핵심이다. ESG는 기업이 장기적 관점에서 지속 가능한 발전을 하기 위한 핵심 요소이며, 재무제표 등 객관적인 평가 지표에 표현되지는 않지만 기업 가치에 큰 영향을 미치는 비재무적 지표라고 볼 수 있다.
2	친환경	내일이 있는 지구를 위해 가정에서, 회사에서, 사회에서, 국가에서 우리 모두가 환경을 보호하는 사소한 것부터 실천할 수 있도록 한다. 이러한 친환경적인 요소를 가지고 마케팅에 활용까지 하는 이른바 친환경 마케팅까지 등장할 정도로 우리 사회에서 꽤 큰 이슈를 차지하고 있다.
3	사회적 책임	큰 이익만을 목표로 하는 기업의 이미지에서 탈피해서 여러 가지 비재무적인 고려 요소의 관계까지 고려하여 기업으로서 사회적 책임에 최선을 다하는 방향으로 패러다임이 변화하고 있다. 인권 및 노동 조건, 고용 관계, 안전 보건, 소비자 보호 등 사회적 책임을 잘 수행하는지에 대한 항목을 가지고 이제 기업들은 단순히 이익 추구만을 목표로 하는 것이 아니라 사회적 책임을 가지고 장기적으로 성장할 수 있는 목표를 추구해야 한다.

내가 말하고 싶은 ESG

　환경적 요소에서, 에너지 장비 및 환경 오염보다는 얼마나 효율적으로 생산하고 잘 팔려서 이익이 많이 남는지에 대한 목표에서 환경을 생각할 수밖에 없는 정부의 정책 안에서 기업들은 친환경을 주제로 다양한 움직임이 일어나고 있다. 자연이 자체적으로 회복할 수 있는 수준에 한해서만 영향을 주고 장기적으로 실행 가능한 것이어야 한다. 즉, 미래를 파괴하면서 현재 필요한 이익 활동을 수행하는 것은 중요하지 않다고 보는 것이다.

사회적 요소에서, 단순히 이익을 추구하는 것이 목표가 아닌 사회적 책임을 가지고 지속 가능한 성장을 이루어야 한다는 핵심 속에서 지금 당장 큰 이익을 추구하기보다는 장기적인 안목으로 기업이 사회에 끼치는 영향까지 고려하여 성장할 수 있는 발전 목표를 추구해야 한다.

지배구조 요소에서, 회계 투명성, 주주 권리, 경영진, 효율적인 구조의 지배구조 등을 바탕으로 모든 주주는 주식 보유량만큼의 동일한 권리를 가지고 주주 친화적인 기업 경영을 우선적으로 하며 회사의 경영은 전문 경영인을 통해 독립적인 경영 시스템을 가질 수 있게 하여 장기적으로 꾸준한 기업의 성장 발전을 도모해야 한다.

김명성

디노마드 콘텐츠 2국 국장

한때 사회 친화적 기업이란 타이틀을 얻기 위한 기업의 CSR의 활동의 발전된 버전 또는 새로운 버전으로, 기업 홍보 활동의 수단으로 생각했다.

지금도 크게 다르지는 않은 것 같다. 달라진 건 기업의 평가 요소가 되었다는 점에서 기업들이 더 열심히 ESG를 실천해야 할 의무가 생겼다는 부분이다.

ESG 공부를 통해 무엇을 깨달았는가?

CSR에서 배운 방법을 토대로 많은 기업이 다양한 형태의 ESG 활동을 진행하고 있다는 것.

부정적인 면은 아직도 많은 기업이 내부 가이드 및 전문가 없이 단순 활동으로 바라보고 있다는 점.

ESG 공부에서 가장 놀랐던 점은?

전문가들이 바라보는 ESG가 각각의 다른 정의를 내리고 있다는 것. 이는 아직도 정의 중이라고 할 수 있지만 누구도 잘 모르고 각자의 의견을 내세우고 있다는 생각이 든다.

 ESG를 공부해야 할 중요한 이유는?

첫 번째로는 기업과 정부에서 키워드로 잡고 있는 부분이라는 점. GtoB와 BtoB 사업을 주로 하고 있는 회사의 비즈니스 모델에서 이는 매우 중요한 부분이다.

두 번째로는 한 명의 기획자 입장에서 보았을 때 사회 트렌드와 연관 지어 소비자의 소비 행태 및 라이프 스타일을 파악하는 데 중요한 부분이다. 지금의 소비자들은 마이크로한 ESG 소비 행태 및 생활을 하고 있는 것으로 생각한다.

 ESG가 세상을 바꿀 수 있다고 생각하는지?

기업들이 먼저 변화하면 많은 것이 변화한다고 생각한다. 현재의 기업들은 누구보다 소비자의 반응에 민감한 집단이고 소비자와 같이 성장을 해야 한다. 따라 기업과 소비자의 관계로 인해 많은 것을 변화시킬 수 있다고 생각한다.

기업 평가 척도로 ESG가 사용되니 이 또한 장치로서의 역할을 다할 것이라고 생각한다.

지금 당장 내가 실천해야 할 ESG는?

GtoB 사업 운영 시 아젠다에 ESG 관련 항목을 삽입하여 진행했다. 관에서 자연스럽게 ESG에 관한 내용을 아젠다로 인식하여 사업 진행의 결정 사항에 해당 내용이 논의거리가 될 수 있도록 진행했다.

 ## 내 삶에서 지속할 ESG를 공유한다면?

- 모든 것에 우선되는 자연 친화적 삶을 추구 및 존중
- 상품 구매 결정 과정에서 ESG가 중요 요소로 작용할 수 있도록 소비 패턴의 변화가 필요
- 1차원적인 ESG 실천 지양
- 지속적인 ESG 관심도로 배경지식 숙지가 필요

우리 회사가 반드시 실천할 ESG로 추천한다면?

- 회사 운영에 따른 탄소 발자국의 수치화
- 수치를 바탕으로 하는 감축 전략
- 오프라인 행사에 적용 가능한 ESG 매뉴얼
- ESG 실천 기업과의 MOU 관계 체결

우리 사회가 추구할 ESG는?

- 대중들의 기업에 대한 가치 평가 기준에 대한 확립
- 초등 교육에서부터의 환경에 대한 교육 진행
- 미래에 대한 대국민 사회 통합 협의

 온 인류가 추구해야 할 ESG는?

- 이제는 Doing의 단계로 실질적인 계획안에 따른 기업 및 나라에
  대한 베네핏과 페널티의 실행
- 작은 단위에서의 실행력 필요. 개인, 가정 등

 내가 말하고 싶은 ESG

ESG에서 환경만을 말하는 시대는 이미 지났기 때문에 시민들 스스로 인식 개선 및 지식 습득이 필요하고 기업들에 대한 다양한 페널티와 법 제도 개선이 필요하다고 생각한다.
 - 환경: 탄소 배출 저감이라는 전 지구적 목표 아래 내연 기관 기업
   들의 ESG 사회적 비용 증가 필요
   기술 개발과 새로운 시장 개척에 따른 법 제도 변화 필요

- 사회: 사회적 약자에 대한 사회적 합의 도출 해결 필요(장애인, 교통

　　약자 시위 등)

- 지배구조: 대한민국의 고질적인 문제인 고용 평등과 투명한 기업

　　운영을 위한 방향

김주연

디노마드 인재전략실 파트장

ESG 리더십 강의를 수강하기 전까지 나에게 ESG는 크게 와닿았던 주제는 아니었다. 2020년 이후 ESG가 전 세계적으로 급속도로 부각하기 시작하며 어디선가 들어 본 적 있는 단어에 불과했다. 특히 코로나19 팬데믹 이후 위생과 환경의 중요성이 대두되며 ESG를 환경(E)에만 초점을 맞추어 생각했었다. 기업이 기후 변화에 앞장서고 산업 폐기물을 줄이는 등 친환경 경영을 하는 것이 기업의 ESG 경영을 쉽게 설명할 수 있는 것이라고 생각했고, 기업도 환경적인 측면에서 기업의 ESG 가치를 쉽게 높일 수 있지 않을까 하는 얕은 생각뿐이었다.

내가 대학에 다닐 때 기업의 사회적 책임 Corporate Social Responsibility(CSR) 개념을 쉽게 접할 수 있었다. 기업의 사회적 책임이란 기업이 성장하고 영리 활동을 하며 발생시키는 사회적 불평등, 환경 오염 등에 대해 책임을 가지고 사회적 의무를 수행하는 활동을 말한다. 기업은 CSR 활동을 하는 부서를 조직하여 사회 취약 계층을 위한 봉사나 기부 활동, 일자리 창출 등 활발한 활동을 하며 기업과 사회가 더불어 살아가는 세상을 만들기 위해 노력했다. 처음에 ESG는 그저 내게 친숙했던 CSR과 비슷한 개념 혹은 CSR이라는 용어가 ESG로 바뀐 것이라 생각했다. 하지만 ESG 리더십 강의를 들으며 그게 아니었음을 깨달았다.

그동안 기업 경영은 이윤을 많이 내는 것이 무엇보다 중요했다. 더 많은 수익을 창출하기 위해 뒤따르는 사회적인 책임을 기업의 관점에서 자발적인 방법으로 수행해 왔었다. 하지만 시대가 변하며 기업의 재무적 가치만큼이나 비재무적인 가치가 중요해지면서 기업의 환경(E), 사회(S), 지배구조(G) 등을 평가하는 ESG 경영이 대두되었다. 이제는 기업 스스로 기업의 가치를 높이는 것이 아니라 ESG 활동을 함으로써 기업의 가치를 고객 그리고 투자자들에게 평가받는 시대가 된 것이다.

아무래도 소비자들은 환경적인 측면에서 부단히 노력하는 기업들의 ESG 경영 활동을 쉽게 접한다. 스타벅스 같은 카페는 일회용품을 줄이기 위해 플라스틱 빨대 대신 종이 빨대를 제공하고, '일회용 컵 없는 에코 매장'을 운영한다. 의류 회사는 재활용 소재를 적극적으로 활용하여 친환경적인 옷을 만들고, 자동차 회사는 2035년 탄소 배출량을 0으로 만들기 위한 탄소 중립을 달성하기 위해 내연 기관 차량 판매를 중단하고 친환경 자동차만 판매하겠다는 목표를 제시한다. 하지만 기업의 친환경 경영으로 인해 더 큰 환경 오염을 초래하는 등의 그린 워싱 논란은 여전히 큰 문제다.

그동안 기업의 지속 가능한 경영은 환경(E)적인 측면에서 주목받아 왔다. ESG 리더십 강의를 들으며 사회(S)나 지배구조(G) 관점에서도 기업이 신경 쓰고 중요하게 여겨야 하는 것이 많음을 깨달았다.

ESG 경영에서 사회(S)는 인권 존중, 근로 환경 개선, 사회적 약자 보호, 고용 평등, 데이터 보호, 성별 및 다양성 지향 등의 여러 지표로 이루어져 있다. 안충근 한국능률협회컨설팅 센터장은 이 지표들의 공통점을 묶어 한 단어로 표현하자면, '고객(소비자와 종업원)'이라 할 수 있고, 내·외부 고객 만족을 위한 기업의 다양한 활동은 사회적(S) 요소를 살피는 것에서 시작해야 한다고 말했다.

출처: blog.naver.com/businessinsight/222349550014

사회 취약 계층을 위한 봉사, 기부 활동 등과 기업이 자체 기술을 활용하여 장애인, 고령자 등 사회적 약자의 사회 진출을 돕는 '배리어 프리 활동', 그리고 지역 사회 발전에 기여하는 것이 여기에 속한다. 또한 안전한 작업 환경을 조성하고, 경력 단절 여성 채용, 직장 어린이집 설치 등 일과 가정의 양립 활동도 중요한 요소이다. 하지만 여전히 간극은 존재한다. 얼마 전 삼성전자에서 전문 경영인 출신 여성이 처음으로 사장으로 승진했는데, 올해 1,000대 기업 대표이사 1,350명 중 여성은 32명으로 국내 기업의 유리 천장은 여전히 단단하다.

출처: 이투데이 https://www.etoday.co.kr/news/view/2199650

또한 노동조합과 장애인연합회 등은 여전히 근로 조건 개선과 생존권 보장 등을 위해 힘겨운 투쟁을 하고 있다.

㈜디노마드는 회계, 재무, 인사 등의 직무를 담당하는 팀의 이름을 ESG 경영실로 바꾸며 ESG 경영에 동참했다. 임직원들이 출퇴근 시

배출하는 탄소량을 줄이기 위해 재택근무 실시 횟수를 늘리고, 매월 실적 발표를 통해 회사 경영의 투명성을 제고하며, 근로 환경을 개선하기 위해 노력하고 있다. 하지만 중소, 중견 기업에서 ESG 경영을 실천하기란 사실 쉽지 않다. 인력도 인프라도 대기업에 비해 턱없이 부족하기 때문이다. 우리 회사도 ESG 경영을 하기 위해 ESG 리더십 수업도 듣고, 나름대로 노력을 하지만 여전히 쉽지 않다. 정부나 대기업이 나서서 중소기업이 ESG 경영을 잘할 수 있도록 지원, 협력하는 것이 무엇보다도 필요하다.

㈜디노마드의 인사 담당자로서 ESG 경영을 실천하기 위해 사회적 (S) 측면에서의 노력이 무엇보다 필요하다. 2022년 12월 가족친화인증기업으로 선정된 ㈜디노마드에서 근무하는 모든 임직원이 일과 가정에서 균형을 이룰 수 있도록 노력할 것이다. 근로 조건, 근로 환경 개선을 통해 누구나 다니고 싶은 회사를 만들고, 더 많은 일자리를 창출하며 더 나아가 여성 리더를 더 많이 발탁하는 것을 목표로 ESG 경영에 동참할 것이다.

앞으로 ESG 경영이 어떻게 변모하게 될지 모르지만, 이 강의를 통해 배운 ESG 리더십을 기반으로 ESG 경영에 더 관심을 가지고 실천할 수 있도록 노력해야겠다.

김준구

디노마드 AI 기획 스튜디오 수석

행동은 책임에서 온다

　어렸을 때, 그러니까 소위 '꼬꼬마' 시절 내겐 시시해 빠진 자랑거리가 하나 있었다. 절대 길에 쓰레기를 버리지 않겠다는 나와의 약속을 굳건히 지켰다는 것이다. 그게 뭐 별건가, 싶겠지만 지금보다 반토막만 했던 몸으로도 이상한 결기 같은 고집을 부렸던 기억이 난다. 밖에서 쓰레기통을 찾지 못하고 돌아온 날이면 과자 봉지며 휴지 따위로 주머니가 가득한 적이 다반사였다. 생각해 보면 어른이 된 지금도 나는 나만의 원칙을 곧잘 세우곤 한다. 군인처럼, 또는 교인(敎人)처럼 철두철미한 생활 계획표대로 하루하루를 살진 못하지만, 사소한 원칙으로나마 '올바른 삶'을 살기를 바라는 타입은 맞는 것 같다. 식당에서 도움 주시는 분들을 올곧게 '사장님'으로 부른다거나, 거저 얻은 행운에조차 들리지도 않는 감사 인사를 먼저 읊조리는 버릇도 모두 나만의 중용, 나만의 윤리를 지키려는 비슷비슷한 마음의 발현일 것이다.

　어쩌면 하잘것없는 인정 욕구일 수도 있겠다. 내밀한 '관심 종자'라 해야 하나, 스스로를 남들과 다른 사람으로 우러르려는 속내를 원칙이라든가 윤리 같은 말로 포장하는 중인지도 모르겠다. ESG가 한창 화두로 떠오를 무렵에도 나는 나 자신을 무지한 채로 내버려 두었다. 알량한 자기만족 이상의 실천을 마주하기가 두려워서였을까. 내가 단속하고 치켜세운 행동거지 이면의 보상 심리를 알기에, 나는 더더욱 ESG니 지속 가능성이니 하는 '라벨링'의 시도들을 외면했던 것 같다. 그래 봤자 텀블러 쇼핑 정도로 귀결되는 마케팅 놀음 아닌가 하는 또 다른 구별 짓기의 못난 심보로.

나를 포함한 몇몇 이의 편협한 시선에도 ESG는 글로벌한 행동 강령으로 자리 잡은 지 오래다. 전염병·이상 기후 등 피부로 먼저 와닿는 위협 때문이었으리라. 아닌 게 아니라 올여름의 홍수는 분명 예년과 달랐고, 넘치게 무서웠다. 집 앞 차도가 순식간에 거센 강물로 돌변하는 광경은 그래프로만 익숙했던 변화를 실감케 했다. 인간을 위한 지구는 정말 임계점에 다다른 걸까. 기우일 수 있겠지만, 나는 속편한 말들이야말로 기우가 만들어 내는 혜택 아래 있다고 믿는다. '그린 워싱(Green Washing)'으로 나타날지언정, 기저에 깔린 사람들의 걱정과 두려움을 모조리 허황되고 무의미한 것으로 몰아갈 수는 없을 것 같다. 소비 운동이든 마케팅이든 그것이 일종의 책임을 환기하는 것이라면, 나는 ESG가 단순한 트렌드 이상의 지침이 될 수도 있겠다는 생각이 든다. 바지 주머니를 쓰레기로 채워 온 꼬맹이의 마음도 지구 환경을 운운하는 거창한 당위가 아니라 내가 만든 짐은 내가 처리해야 한다는 순수한 책임감에 닿아 있지 않았을까.

'애쓰지' 않는 ESG의 모순

나는 ESG가 결국 책임의 정도를 측정하는 지표라고 생각한다. 이른바 '부장님 유우머'로 ESG를 '애쓰지'로 읽는다는데, 나는 그 시답

잖은 말장난 속에 의외의 핵심이 숨어 있을 수 있다고 본다. 사람들은 ESG를 통해 책임지는 기업, 책임지려 부단히 애쓰는 기업을 보고 싶은 게 아닐까. ESG가 환경·사회·지배구조로 나뉘는 까닭, 그러나 각 분야가 나눌 수 없는 하나의 방침으로 수렴하는 까닭은 기업이 그러한 책임을 요하는 행위의 주체이기 때문일 것이다. 지역 사회, 나아가 지구 환경을 점유하고 구성원과 함께 이윤 추구 행위를 벌이기에 그에 상응하는 책임이 기업에 뒤따르는 것이리라.

그래서 어떤 기업의 ESG 실천은 오히려 얄밉다. 충분히 책임지려 애쓰는 모습을 보기 어려워서다. 중증 커피 중독인 내게 모 카페 브랜드의 종이 빨대는 혐오의 대상이다. 쉽게 찢어져 여러 번 '리필'한 빨대들을 버리며 매장에 붙은 환경 보호 홍보문을 바라보는 경험은, 종이 냄새가 뒤섞인 커피 맛처럼 매번 찝찝하기 그지없다. 커피를 팔면서 환경을 위해 맛을 제쳐 두라는 강요는 책임 전가 또는 '갑질'이 아닐까? 친환경 효과도 의문이지만 지나치게 손쉬운 방식이라는 생각이 앞선다. 환경이 기업 책임의 영역인 만큼 하물며 서비스도 그러할진대, 점유율이라는 믿는 구석 없이 손쉬운 희생의 요구가 가능했을지 의문이라는 점에서 고민의 무게를 의심하게 되는 건 어쩔 수 없는 반응일 것이다.

비단 특정 기업의 생리만이 아니다. ESG가 친환경 캠페인쯤으로 대변되는 상황도 생각할 거리를 던진다. 왜 유독 환경 분야만 중점적으로 강조될까? 코로나19라는 동인(動因), 사안의 시급성도 작용했겠으나 실천에 따르는 '가성비'도 큰 요인이라고 본다. 표 내기 좋으면서 그만큼 표면적인 변화만으로도 가능한, 시급함을 명분으로 고민의 시간까지 무람없이 지나칠 수 있는 허울 좋은 혁신. 환경 파괴의 주범으로 꼽히던 중국이 손바닥 뒤집듯 ESG 선진국으로 탈바꿈하는 아이러니한 현실도 ESG에 대한 편의 위주의 접근을 보여 주는 사례라 여겨진다. 반민주적·중앙 집권적 의사결정에 따른 ESG 달성이라는 기이한 모순을 어떻게 바라봐야 할까.

때론 결단보다 고민이 더 중요하다

나는 ESG의 목표뿐 아니라 방법에서도 끈질긴 지속성이 뒤따라야 한다고 생각한다. 고민의 지속이 없는 지속 가능성의 실현은 어불성설이 아닐까. 노력을 멈추지 않는 차원을 넘어, 어쩌면 '지속 가능성'의 의미조차 재고하는 수준으로 질문을 밀고 나가는 심사숙고가 필요하다고 나는 믿는다. 최소한 마케팅의 관점에 한하더라도, "책임을 다한다."라는 말로 도리어 책임을 털어 내려는 기업을 간파해 내는 것이 요즘의 소비자들이기 때문이다. 어쩌면 진정한 혁신은 ESG 트렌드에 대한 부정(否定)으로 성취될 수도 있지 않을까. 투자자가 원해서, 글로벌 기업이 행하고 있기에 고민 없이 이루어지는 실천이 시장에서 얼마만큼의 설득력과 매력을 발휘할지는 의문이다. 이는 결국 기업의 지속 가능한 성장과는 거리가 먼 결과를 낳는 셈이 아닐까.

ESG 참조 사례로 무수히 인용되는 모 아웃도어 브랜드는 "우리 옷을 사지 말라."라는 광고를 내걸기까지 했다고 한다. 이 사례에서 배울 점은 반어법의 기술도, 이윤 포기까지 무릅쓰는 극단적인 친환경 의지도 아닐 것이다. 사람도 그렇지만 브랜드에 있어 '한결같음', '꾸준함'만큼 매력적인 무기는 없다고 생각한다. 등산을 즐기던 창업자가 등산 장비로 훼손되는 자연을 목격한 데에서 비롯됐다는 창업 일화, 반(反)환경 정책에 대항하고자 대통령을 고소한 사건 등 해당 기업은 ESG 개념이 태동하기 전부터 친환경을 브랜드의 정체성으로 꾸준히 지켜 왔다. 즉, 지금 ESG 트렌드의 요구마저 자신들의 지향과 다르다면 얼마든지 맞설 수 있다는 태도야말로 해당 브랜드가 추구하는 지속 가능성을 방증하는 셈이다. 일관된 가치 실현 활동이 팬덤의 확장으로, 기업의 지속 가능한 성장으로 이어지는 것은 물론이다.

윤리와 같은 당위가 아닌, 매출이라는 실리적 측면의 접근에서도 올바른 책임의 형태를 고민하는 일은 기업에 큰 효용이 되리라 생각한다. 마케팅, 브랜딩을 위한 이점은 물론 기업의 비즈니스 자체를 혁신하는 계기가 될 수 있어서다. 특히 환경뿐 아니라 사회·지배구조에 이르는 폭넓은 영향을 고려할 때 혁신의 크기는 더 커질 수 있지 않을까. 기후 위기가 가르쳐 준 교훈이 있다면, 환경을 포함해 그동안 무관한 것으로 여겨진 요소들이 기업의 생존과 점점 더 긴밀하게 얽혀 간다는 사실일 것이다. 기업의 행보에 소비자는 갈수록 더 주목할 것이며, 지구 공동체의 일원이자 잠재 고객·잠재 구성원으로서도 보다 직접적인 관계를 맺게 될 것은 자명해 보인다. 산업 발전이 지구 환경을 위협으로 몰고 간 만큼, 다른 한편으로는 산업이 견인한 디지털 기술을 통해 지구 공동체의 형성이 가능해진 측면도 적지 않기 때문이다.

내가 종사 중인 MICE 업계에서도 ESG, 지속 가능성은 주요 화두다. 코로나19로 직격탄을 맞기도 했지만, 오프라인·일회성 행사 중심이라는 특성은 환경 문제와 맞물리며 필사적인 극복 과제가 됐다. 더불어 팬데믹 이후의 상황도 자연스러운 전환점으로 작용했다. 방역으로 인한 비대면 운영이 디지털 기술 도입을 앞당긴 덕이다. 원격 회의, 가상 이벤트, 메타버스 등 디지털 기술은 MICE 산업의 축을 오프라인에서 온라인·가상 중심으로 빠르게 옮기고 있다. 전시 폐기물은 물론 탄소 발자국 자체도 획기적으로 줄일 수 있는 디지털 중심 모델이 대안으로 주목받고 있음은 물론이다.

그러나 다른 분야와 마찬가지로 MICE 산업 또한 고민을 멈추지 않아야 한다고 생각한다. 지구 환경 외에도 MICE가 빚지고 있는 영역은 적지 않다. 예컨대 MICE의 정보 접근성을 어떻게 넓힐 것인가, 담론을 형성하는 MICE의 순기능을 어떻게 더 확장할 것인가, MICE를 통한 더 많은 공공 가치·더 활발한 참여를 어떻게 실현할 것인가 등 사회적 문제가 도전 과제로 남아 있다. 지배구조 역시 마찬가지다. 특히 일하는 방식과 관련해서는 아직 갈 길이 멀게 느껴진다. 개인의 경험과 역량에 크게 의존하는 운영 방식, 클라이언트와 수행사의 고질적인 불신 등 투명하고 합리적인 사업 수행을 위한 고민이 필요한 시점이다.

역시나 디지털 기술이 해답이 될 수 있지는 않을까. 가능성은 크나 성패는 활용하는 방법에 달렸다. ESG만큼이나 디지털 전환 또한, 횡행하는 말로 머물 때 무용해진다고 생각한다. 디지털 시대에 따르는 책임이 막중한 관심의 무게를 감내해야 하는 것이라면, 기술은 그러한 압력을 새로운 추진력으로 뒤바꿀 수도 있지 않을까? MICE가 환경에, 사회에 치러야 하는 비용을 새로운 형태의 시장을 여는 열쇠로 삼을 수도 있을 것이다. MICE 산업의 호주머니에 담긴 쓰레기, 정리되지 않은 부스러기들을 어떻게 처리할 수 있을까? 끝내 책임지려 애쓰는 마음, 더 좋은 실천의 방법을 쉼 없이 고민하는 힘이야말로 가장 유효한 실천 방안은 아닐까. 너를 지속시키는 것은 바로 네가 누구인지를 끝없이 생각하는 고민 자체라고, 나는 그 말을 아직 순진한 꼬맹이나 다름없는 내 안의 ESG 리더십에 돌려줄 수 있을 것 같다.

김태호

디노마드 컨벤션 2국 국장

필자는 본인이 재직하는 회사에 ESG 경영실이 발족하였을 당시 이 단어가 의미하는 것이 무엇인지 전혀 인지하지 못하였다. 과거에 많은 기업에서 유행하였던 시그마6 경영을 떠올렸고 그러한 여러 종류의 경영 기법의 여러 유행 중 하나라고 치부하였다. 그저 막연히 E라는 글자가 들어가 있고 당연히 미디어에서 탄소중립에 대한 기업의 책임을 말하고 있으니 그러한 것 중 하나이겠거니 하는 생각을 하였고 큰 관심은 주지 않고 있었다.

다만, 이번 기회에 ESG에 관한 여러 내용을 공부하게 되면서 알게 되었는데 그동안 유행하였던 여러 경영 기법 중 하나라고 치부하기엔 이 단어는 너무 많은 이야기를 담고 있었다.

ESG의 사전적 정의는 이렇다.

'Environment', 'Social', 'Governance'의 머리글자를 딴 단어로 기업 활동에 친환경, 사회적 책임 경영, 지배구조 개선 등 투명 경영을 고려해야 지속 가능한 발전을 할 수 있다는 철학을 담고 있다.

출처: 네이버 지식백과 ESG(매일경제, 매경닷컴)

짧은 사전적 정의이지만 이 안에는 국가와 기업의 앞으로가 걸린 나아가서는 인류의 존립에 기여할 수 있는 필수 요소들로 가득하다고 할 수 있다.

우리는 자율적이건 강압적이건 환경과 사회, 지배구조 등의 비재무적인 요소들을 강조하는 세상에 살고 있다. 인간의 무리한 자원 개발로 지구는 연일 인류에게 경고하고 있으며 지금 당장 무언가 하지 않으면 지구는 더 이상 인류에게 삶의 터전이 될 수 없다고 과학자들은 연일 경고하고 있다. 기업들은 재무제표 이외의 사회적 책임과 활동을 강요받고 있으며 이러한 지표들을 파격적으로 수행하여 스타 기업이 되는 사례도 발생하는 등 우리는 자의적 혹은 타의적으로 ESG의 시대에 살고 있는 것이다.

본 수업을 몇 개월간 수강하여 가장 체감할 수 있었던 건 환경에 대한 경고였다. 생각보다 많이 파괴되어 있으며 생각보다 돌리기 쉽지 않다는 사실. 이러한 상황을 늦추거나 멈추기 위해서는 비용의 투입이 반드시 필요하다는 사실이었다. 하지 않는다면 우리가 이 지구라는 터전에서 발을 붙이고 살 수 없을 것이라는 사실 또한 충격으로 다가왔다. 그간 유튜브 채널 등을 통하여 비전문가의 이야기들은 들어왔으나 전문가가 전문가의 시선으로 이야기하는 경고는 그 자체가 충격으로 다가왔다.

경고를 직접 체감할 수 있다는 것. 이것이 본 수업을 들으며 얻을 수 있는 가장 큰 성과라고 생각되었다.

그렇다면 ESG가 이 세상을 바꿀 수 있을까? 당장 드는 생각은 '아직은….'이라는 것이었다. 우리는 아직 ESG를 모른다. 경영의 최전선에 있고 기업의 브랜딩을 추구하는 몇몇의 사람에게는 다가온 일이지만 대다수의 업종에 일하는 사람에게 ESG는 와닿지도 않을뿐더러 그저 멀리서 하는 이야기로 들리는 것 또한 현실이다. 이 상황에서 기업의 역할이 중요하다고 생각하고 있다. 일반 대중에게 기업의 ESG 책임을 홍보하고 알리는 것, 이것이 시작이라고 생각한다. 비용을 들여 왜 환경을 보호하고 왜 사회적 책임을 지워야 하는지 스스로 홍보하고 스스로 실천하게 하는 것이 중요한 시점이다. 이러한 일들은 이제 시작이며 이 시작은 좋은 결과를 낳을 수 있다고 생각하기 때문이다.

필자는 이러한 수업을 기회로 내가 하고 있는 분야, 즉 PEO 분야에서 ESG를 어떻게 실천할 수 있는지 고민하였다. 이 분야에서 ESG의 실천은 비용의 문제를 하나의 특장점으로 작용할 수 있다는 생각을 하였다. 필자는 국내 최초의 메타버스 박람회를 기획하였고 국내 최대 방문자 수의 메타버스 박람회를 운영하였다. 이는 그 자체로 경쟁력이 되었으며 프로젝트를 수주하는 것에 많은 도움을 주었다. 클라이언트에게 주는 흥미가 그 이유라고 생각하고 있다.

이제는 키워드를 바꿔야 할 때이다. 메타버스라는 이슈는 가고 환경 그리고 사람이라는 이슈가 2023년을 지배하는 이슈가 될 것이라 생각하기 때문에다. 본인은 본 수업을 기점으로 비용이 더 들더라도 친환경 그리고 사회적 책임을 제안에 녹여 클라이언트에게 어필할 생각이다. 폐기물이 발생하지 않는 친환경적인 장치 시스템을 서치할 것이며 수많은 폐기물이 발생하는 각종 사인물들의 재활용 방안을 연구, 이를 적극적으로 클라이언트에게 어필하여 경쟁력을 확보할 계획을 세우고 있다.

바야흐로 ESG의 시대이다. 필자는 서강대 수업을 통해서 ESG의 개념을 이해했으며 2023년 동안 함께할 나의 경쟁력을 확보하였다. 지금의 ESG의 기법은 시간의 흐름에 따라 조금씩 변화할 수도 있지만 핵심인 환경과 사회적 책임은 변화하지 않을 가치라 생각하고 있

다. 변하지 않는 가치를 배우고 함께한다는 건 정말 기분 좋고 유쾌한
일이 아닐 수 없다.

2022년 12월 김태호

문영훈

디노마드 커뮤니케이션 1국 국장

"ESG는 왜 필수적인 요소가 되고 있는가?"

팬데믹 이후 급속하게 ESG 바람이 불어오면서 모든 사회적 관심이 집중되고, 선택이라 여겼던 많은 환경, 사회적 책임, 거버넌스 등이 이제는 기업을 운영하는 데 필수적인 요소가 되고 있으며, 사회적으로 개인이 살아가는 데도 이제는 필수적 성장 콘텐츠가 되었다.

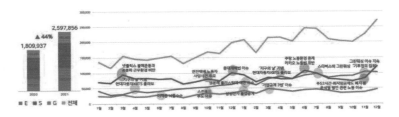

최근 ESG(환경·사회·지배구조)가 우리 사회의 주요 화두로 급부상한 가운데, 2021년 ESG에 대한 국민들의 관심도가 전년 대비 크게 증가한 것으로 조사됐다. 그림은 2021년 ESG 언급량 추이를 나타낸 그래프, KPR 디지털커뮤니케이션연구소 제공

ESG에 대한 언급량이 급속도로 많아졌고 MICE 산업에도 ESG에 대한 필수적인 요소들이 평가 대상이 되기 시작했다. 모든 산업과 프로젝트에서 ESG 관련 콘텐츠는 이제 추가 제안이 아닌 필수적 요소가 되면서 ESG에 대한 명확한 기준과 목적이 부여되어야 하는 환경에 접어들고 있다.

ESG를 알아 가는 과정에서 그 중심에 있는 전문가, 기업 등의 지식과 경험을 공유하며 아직도 어려운 부분은 명확히 확립되지 않은 ESG의 범위와 선도 기업이 적다는 것이다. 또한, 아직은 대기업 중심으로 모든 기준과 법, 경험들이 공유되고 있어 실질적으로 중소기업에서는 도입하는 것이 매우 어려운 상황이라는 것을 인지하게 되었다.

하지만 모든 기업과 산업에서 ESG에 필수적인 요소가 존재한다는 것을 알게 되었다. 그건 바로 '소통'이라는 것이다. ESG는 각자만의 생각으로 자신만의 관점에서 이뤄지는 것은 아무것도 없으며, 환경과 소통하거나 사회적 합의가 이뤄져야 하는 것, 개인과 단체를 통한 거버넌스를 만들어 가야 한다는 것이다. 이는 그 어떤 존재와도 소통하지 않으면 ESG는 의미가 없다는 것이다. 명확한 평가 지표를 만들어도 그 평가 지표도 결국은 모든 나라, 국민 등이 합의해야 만들어진다는 점은 결국, ESG는 소통이 중심이며, 이는 필수적인 요소라는 사실에 변함은 없다.

ESG는 소통이자, 무언가를 잇는 연결 고리다

환경(Environment)과 소통

환경(E: Environment)은 ESG 하면 가장 먼저 떠오르고, 기업이 대중에게 가치를 전달하고 명확한 수치들이 만들어지는 분야이다.

파리 기후변화 협약

협약에 서명한 195개국 가운데 147개국이 비준

가장 최근 파리 기후변화 협약을 비준한 국가는
크로아티아(5월24일)와 나이지리아(5월16일)

세계 탄소배출의 83.59%에 해당   ┌ 미국   □100%

세계 10대 이산화탄소 배출국가(전체 배출량의 70%)

중국 20.09%	미국 17.89	러시아 7.53	일본 3.79
		브라질 2.48	
EU 12.08		캐나다 1.95	
	인도 4.10	한국	
		멕시코	

파리

2015년 12월12일
● 제21차 유엔기후변화협약 당사국총회(COP21)에
   197개국 참여, 195개국 서명
● 산업혁명 이전과 비교해 지구 평균 온도가
   섭씨 2도 이상 상승하지 않는 것이 목표

출처 유엔, 기후분석   © AFP news1

출처: UN, 기후 분석

2015년 우리나라와 미국, 중국을 포함해 총 195개 국가가 서명했던 파리 기후협약은 산업화 이전 시기 대비 지구 평균 기온 상승 폭을 2도보다 상당히 낮은 수준으로 유지하는 것을 목표로 하고 있다. 이처럼 환경 부분에서는 누구보다 발 빠르게 모든 나라가 동참하고 준비하고 있다. 이러한 과정도 결국은 195개국이 서로 소통하고 행동하지 않으면 불가능한 것이며, 현재도 전 지구적 장기 목표 아래 모든 국가가 2020년부터 기후 환경에 참여하고 있다. 결국은 한 나라, 한 기업이 만들어 낼 수 없고 모두의 합의와 소통, 변화를 위한 공감대가 형성되어야 한다는 것이다. 각 국가의 상황, 발전 속도 단계 등 모두 다르다. 우리나라도 유럽에 비해 준비되어 있지 않아 급하게 준비하는 과정에서 많은 어려움을 겪고 있다. 하지만 우리나라는 기후 변화가 새로운 경제 성장 동력 창출의 기회라는 인식하에 기후 변화 문제에 적극적으로 대응하고 있다. 많은 기업이 국내 기술력을 기반으로 타 국가에 비해 높은 성과를 거두기도 한다. 그래서 '기술력이 곧 기후 변화의 중심이지 않을까?' 하는 생각이 들었었다. 하지만 우리 기술력의 한계를 생각하면 결국은 전 세계적인 합의에 따른 평가 수치와 도달 목표 등을 맞출 필요가 있다. 그리고 그 기술력과 기업 이익이 결국은 많은 이해관계를 충족시켜야 한다는 것이다. 한 예로, 포스코 건설이 개발한 페로니켈 슬래그의 자원 선순환 제품은 친환경 가치와 차별화된 고객 가치를 창출해 재무 성과에 긍정적인 영향을 줄 수 있다. 성공적인 ESG 경영 사례로 판단된다.

우리는 ESG의 E(Environment, 환경)라고 하면 기업의 기술력을 바탕으로 전 세계가 합의한 수치에 도달하기 위한 전략이라 볼 수 있지만 한편으로는 환경에 대한 서로 간의 협의와 기업과 이해관계자와의 소통이 매우 중요하다는 것을 알 수 있다.

사회(Social)와 소통

ESG의 사회적 측면인 S(Social)는 누구나가 공감하듯이 소통이 매우 중요하고 핵심적인 요소이다. 특히, 고객 가치가 매우 중요해지는 시점에서 사회적으로 어떤 역할을 할지 고민이 필요하다. 특히, 사회적 책임은 지금까지 있었던 CSR과 차별성이 뚜렷하지는 않지만, ESG

로 넘어오며 이제는 '선택'이 아닌 '필수'가 되었다.

한국사회복지협의회와 이노소셜랩이 공동으로 제작한 백서는 2020년 이후를 사회공헌 전환기로 정의하며, 새로운 세대의 등장과 더불어 기업의 ESG 열풍, 코로나19의 확산과 기술 발전으로 새로운 라이프 스타일과 그에 따른 새로운 사회 문제와 불평등을 내용으로 담고 있다. 이러한 과정은 사회와 기업, 고객 가치 등이 함께 소통하며 사회적 변화를 가져가는 모습을 보인다.

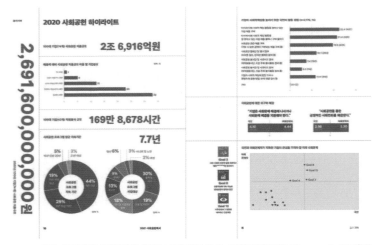

출처: 한국사회복지협의회, 《2021 사회공헌 백서, 사회공헌의 전환: The way to ESG》의 하이라이트. 여기에는 2020년 사회공헌 활동의 다양한 정보들이 나타나 있으며, ESG가 가장 큰 영향을 미칠 것이라고 했다.

CSR(기업 사회적 책임)과 ESG의 뚜렷한 차별점은 주체가 기업이라면 ESG는 투자자가 주도(ESG 투자)하고 기업은 이에 대응(ESG 경영)한다는 점이다.

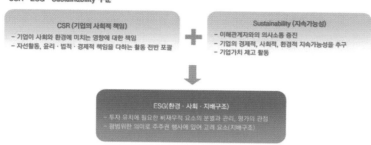

CSR · ESG · Sustainability 구분

CSR (기업의 사회적 책임)
- 기업이 사회와 환경에 미치는 영향에 대한 책임
- 자선활동, 윤리·법적·경제적 책임을 다하는 활동 전반 포괄

Sustainability (지속가능성)
- 이해관계자와의 의사소통 증진
- 기업의 경제적, 사회적, 환경적 지속가능성을 추구
- 기업가치 제고 활동

ESG(환경·사회·지배구조)
- 투자 유치에 필요한 비재우적 요소의 분별과 관리, 평가의 관점
- 광범위한 의미로 주주권 행사에 있어 고려 요소(지배구조)

출처: KCGS, 이베스트투자증권 리서치센터

CSR이 주주 중심 자본주의에 기반한다면 ESG는 이해관계자 자본주의에 기반한다고 볼 수 있다. 이처럼 중심의 이동과 이해관계자의 확장, 그를 통한 소통 범위의 확대가 이뤄진 것이다. 이는 단순 사회적으로 기업 중심의 역할에서 사회적 합의와 소통이 이뤄져야 ESG의 S(Social)에 해당하는 사회적 역할이 가능하다는 것을 보여 준다.

지배구조(Governance)와 소통

ESG 중 가장 기업이 힘들어하는 것이 'G(Governance, 지배구조)'이다. 가장 소통하기 힘들고 기업이 이익과도 직결되며 기존에 해 오던 방식에서 큰 변화를 겪어야 하는데, 그것이 맞는 선택인지도 모르는 상황이다. 즉, 안개 속에서 기업은 자신들에게 맞는 지배구조에 대해 다양한 테스트를 하고 있으며, 전문가들도 ESG 중 가장 핵심적인 요소로 지배구조의 중요성과 어려움을 강조하고 있다. 지배구조가 기업이 의사 결정을 내리는 프로세스와 이해관계자들의 이익을 보장하는 시스템 등을 총칭하는 것과 같이 소통이 매우 중요한 분야다. E(Environment)와 S(social)가 외부적 소통이라면 G(Governance)는 내부적인 소통이다.

우리는 얼마나 많은 소통을 내부에서 진행하고 있는지를 다시 한번 고민하고 생각해 봐야 할 시기이다.

출처: LG Display Newsroom

한 예로, LG 디스플레이 역시 투명하고 공정한 지배구조 구축을 통해 모든 이해관계자의 권익을 증진하고자 꾸준히 노력하고 있다. 5개의 이사회 내 위원회를 운영하며 효율적이고 체계적인 의사 결정을 추진하고 있으며, 현재 이사회 의장과 CEO는 분리되어 있으며, 사외 이사를 이사회 구성원의 과반수(57%)로 구성해 이사회의 독립성을 확보했다. 또한, 이사회 내 위원회는 구성원의 3분의 2 이상을 사외 이사로 편성해 공정하게 운영하고 있다. 이처럼 공정한 소통으로 결정 방식을 만들고 임직원들과 합의하며 기업을 운영하는 것이다.

주주 권리의 보장, 지속 가능한 내일을 위한 경영 방식, 직원들과 기업을 동시에 생각하는 경영 등 다양한 방식에서 소통의 중요성이 강조된다. 건강한 발전을 위해 노력하는 글로벌 기업들의 모습을 보면, 기업 시민 의식이 한 차원 높은 단계까지 성숙했음을 느낄 수 있다. 이는 기업의 변화와 더불어 국민들이 기업을 인식하는 수준도 높아져야 한다는 것을 알 수 있다.

🧠 나의 기업과 ESG 소통 전략

MICE 산업에서 아직 ESG는 필수가 아닌 선택으로 느끼는 듯하다. 다양한 전략들이 나오지만, 실제 실천하는 사례는 극히 드물다. 더불어, 앞장서야 하는 정부의 다양한 사업들이 자본의 부족함을 이유로 ESG를 고민하지 않는다. ESG보다는 아직 프로젝트의 질과 성과에 더 집중되어 있어 설득하고 소통하는 과정이 매우 힘들다. 따라서 우리는 정부와 기관을 설득하는 전략이 필요하며 ESG 중심의 소통 방식을 만들어 가야 한다. 이는 MICE 산업에서 핵심 성장 동력으로 작용하며, 기업이 명확한 메시지를 전달한다면 누구보다 강력한 무기가 될 것이다.

개인의 삶에서는 ESG 경영을 하는 기업의 제품과 서비스를 구매하는 것이 가장 큰 역할이며, 개인도 환경에 대한 깊은 인식과 삶을 동일시하는 마음가짐이 매우 중요하다. 기업의 ESG가 있듯이 개인에게 맞는 ESG 전략을 통해 자신의 가치를 브랜딩할 필요성이 커지고 있다. 환경적 관점에서 생활 속 일회용품 줄이기, 플라스틱 최소화 등이 있고 취미와 관련한 플로깅, 사회적 제품 수집 등이 있을 것이다. 이는 사회적 관점이 아닌 자신의 관점에서 ESG를 정의하고 관련 경험을 조금씩 넓혀 갈 필요가 있다. 큰 실천을 하기 전에 작은 실천들로 경험을 쌓고 그 후에 도전하는 것을 권한다. 그리고 나의 활동들을 인스타그램이나 유튜브 등 SNS를 통해 공유하는 방식도 매우 좋다. 이는 나와 다른 이가 소통하며 함께 실천하는 문화를 만들어 갈 것이다.

ESG에 대한 각자의 가치와 생각, 판단의 기준 등이 매우 다르다. 그렇기에 우리는 ESG를 실천하는 과정에서 소통이 무엇보다 중요하며, 소통이 가장 핵심적 가치로 작용할 것이다. 우리도, 기업도 모두 ESG를 위해 소통의 방식과 전략을 구축해야 한다. 소통하지 않는 모든 ESG는 결국 나의 방식을 일방적으로 알리고 이해해 달라는 철부지에 그칠 것이다.

문현진

디노마드 콘텐츠 1국 국장

ESG를 공부하기 전에 바라보았던 ESG는

ESG 경영을 처음 접했을 때는 다분히, 지속적 사회 변화와 세계의 이슈에 있어 쾌적하고 경제적인 친환경 경영이라는 것으로 생각하고 있었다. 특히, 친환경, 필(必) 환경이라는 이슈를 통해서 기업의 이윤 확대와 이미지 형성을 위한 필수 불가결한 분야라고 생각했었다.

허나, ESG 경영 수업을 통해서

친환경 분야 요소를 비롯한 사회 문제 해결과 지배구조에 대한 국내외 기업이 새로운 모습과 방법으로 지역과 기업 내 구성원과의 관계 개선, 환경적 캠페인과 공동적 번영 추구의 노력을 하고 있다는 부분을 볼 수 있었으며, 그리고 국가의 재난, 불법 고용 등에 대해서도 함께 노력하는 모습과 이윤 나눔에 있어 사회와 지역 등 모두가 함께 해결하고자 하는 모습에서 다양한 분야라는 것을 알게 되었고 실감할 수 있었다.

특히, 일반인들과 환경 관련된 단체, 그리고 약자가 원하는, 바라던, 중심이 되는 ESG가 아니라 투자자의 논리에 의해서 형성이 되고 문화적 요소처럼 의무화는 아니지만 국제적 표준이 가치의 척도처럼 되어 있는 부분에 있어서는 조금 놀랐던 부분으로 기억하고 있다.

ESG를 공부를 하면서 중요하다고 생각된 부분은

나는 문화 이벤트를 주 사업으로 하고 있는 기획자이다.

ESG의 영향을 크게 주고받는 분야는 아니지만 환경 개선을 위한 그리고 기업과 일반인을 대상으로 한 주 과업임을 고려한다면 보다 체계적이고 효율성 높은 ESG 기반의 문화 이벤트가 진행되어야 한다는 생각을 가지고 있다. 특히 축제에서 행해지고 있는 쓰레기 및 소음 등의 환경 문제와 장기간, 넓은 공간의 시설, 장치 장식물의 폐기물에 대한 부분을 어떻게 해결할 수 있을지, 어떠한 방향으로 구성을 해야 하는지 해법이 필요해 보였다. 또한, 기업과는 달리 아직까지는 공공 기관 및 문화 단체는 ESG 경영 관리는 중요하지만 준비 수준은 매우 낮다는 부분에서는 문화 이벤트와의 접목을 할 수 있는 시기는 언제쯤일지 의문도 갖게 되었다.

* 경기연구원이 공기업, 출자기관, 출연기관, 연구개발목적기관 등 76개 공공기관 152명을 대상으로 조사한 ESG 중요성 인식도(출처: 경기신문 https://www.kgnews.co.kr)에서 85.5%가 ESG의 중요성 인식, 그러나 70.4%가 환경, 사회, 투명 경영의 도입 및 실효적 운영을 위한 수준은 미흡하다고 답해 아쉬운 부분도 있었다.

ESG를 통해서 다양한 부분에서 세상을 변화하려는 모습들은 보이고 있다. 특히, 환경적 요소는 세계적 기업과 기관 등은 앞다투며 친환경 차, 친환경 소재 및 기자재, 자원, 탈원전, 인권 보호 및 사회 공헌을 통해 경영 리스크 최소화와 지속 가능성을 적극 모색하고 있다고 생각한다.

나는 기획자로서 문화 이벤트 분야의 ESG 도입을 통해 새로운 방향과 변화로 세상을 변화하는 모습이 가능할지를 먼저 생각하고 싶다. 국내를 비롯한 세계인의 열광으로 주목받는 축제, 페스티벌은 일탈을 꿈꾸게 하는 문화 도구이다. 보다 많은 사람이 즐기고 모이게 하는 대상이 바로 소비자이며, 소비자를 만족할 수 있는 특별함이 있는 이슈화 프로그램이 반드시 필요하게 된다. 이러한 이슈화 프로그램은 대규모 시스템과 장치 장식과 구조물이 어떠하냐는 평가와도 직결된다. 이를 위한 온라인, 미디어 홍보도 있지만 오프라인에서 쓰이는 제작물, 무대, 전시물 등은 재활용이 되지 않는 쓰레기로 발생한다. 레이어 구조물, 음향과 조명 장비, 영상 LED 등 렌탈 형태 장비의 지속 활용과 전기 기술의 여파로 발전(전력)의 휘발성 물질을 사용하는 부분은 많이 줄인 상태이긴 하나 불꽃, 화약 등 일회성 장치 장식, 이산화탄소, 수소 사용 등을 비롯한 목재, 현수막, 시트, 패트지, 종이 등 버려지는 것 역시 상당하다는 것도 무시할 수 없다. 이러한 측면에서 ESG의 환경적 요소에 있는 부분들은 과연 어찌해야 할지 고민이되고 방향성을 찾고 싶은 상황이다.

더군다나, 1천여 개의 문광부 등록 지자체 행사를 비롯한 콘텐츠 접근성으로 인하여 기업 제품의 눈높이처럼 소비자의 문화 이벤트에 대한 눈 또한 높아진 점을 감안한다면 마이스, 이벤트 분야에 대한 방향성을 찾아야 한다는 목적성이 생기게 된다.

현실적으로는 종이 리플릿을 부채나 모자로 제작하여 활용성을 높이고 폐현수막을 활용한 가방 제작, 무대 목공을 골판지(허니콤) 같은 재활용 소재를 사용하는 등의 변화 또한 ESG 환경 요소에 대한 대응이 되지 않을까 한다.

내 삶에서 문화 이벤트를 지속할 ESG를 공유한다는 것이 이러한 모습이지 않을까 하는 생각 또한 든다.

역시 회사 또한, 이면지 활용을 비롯한 디지털화를 통한 자원 낭비 및 자원 재활용에 대한 관심을 높이고 재활용 소재에 대한 정확한 분리수거와 쓰레기 최소화 등 캠페인을 통한 인식 개선과 온라인 이벤트 등 문화 기획자로서 지속적인 활용성 가치에 대한 접근이 필요해 보인다.

또한, 구성원 모두가 평등한 구조를 통한 상호 간 협력을 통해 원활하고 효과적인 구조를 마련해야 할 것으로 보인다.

국내 지자체 문화 축제를 보면 축산 및 농림 재배의 문화 행사가 지역 축제의 대부분을 차지하고 있다. 이러한 부분은 어류 포획과 과도한 육류 소비 등으로 인한 2차, 3차적인 악영향과 파괴 등으로 이어지며 이로 인한 기후 변화 및 수질 오염 등, 이로 인한 생물 다양성 파괴까지 물고 물리는 문제점 발생이 계속되고 있다. 축제, 페스티벌을 없애는 것도 쉽지 않다는 점, 지역의 경제 활성화 등을 감안한다면 준비하는 지자체 및 관계 기관의 노력은 반드시 필요해 보인다.

현 단계에서는 문화 이벤트에서 ESG에 대한 결과를 얻기 힘들겠지만 기업과 개인을 비롯한 모두가 이해도를 높이며 변화의 바람에서 트렌드로 기억되는 것이 아닌 지역, 기업, 기관, 시민 모두 발 빠른 노력을 통해 ESG 대한민국의 우수성을 특히나 문화 예술에서도 기여가 되는 모습을 만들어 가야 하겠다.

감사합니다.

박효철

디노마드 비즈니스 전략실 이사 (CBO)

프레젠테이션에서 흔히 '짤'이라고 하는 '인터넷 밈(Meme)'을 자주 활용하는 편이다. 어리둥절 모인 분위기를 풀어 주기도 하고, 어려운 개념을 쉽게 이해할 수 있게 해 주기 때문이다.

ESG 첫 수업 때 나의 표정은 마치 위의 밈, 엘모의 표정과도 같았다.

"넷 제로, 탄소 중립, RE100, 유엔 기후 변화 협약, 탄소 국경 세…."

스치듯 들어 본 적 있는 단어와 개념이지만 관심 있게 접해 온 분야가 아니었기에 생소함에 진땀을 흘리며 입틀막을 시전했던 기억이 난다.

그 후 ESG를 둘러싼 다양한 분야 전문가분들의 강의를 귀담아들으며, 미래 산업과 생활 전반에서 변화될 모습을 상상해 보았다. 아찔하고 어질어질한 위기감에 노트를 펼치고 내가 이해할 수 있는 단어와 그림으로 메모했다.

그 많은 단어 중 '지속 가능성'을 축으로 두고, 내가 직접 실천하고 프로젝트로 만들어 낼 수 있는 ESG는 무엇인지 고민을 해 보았다.

'지켜만 보는 것보다 움직이는 편이 낫지 않나?'

인터넷을 기반으로 사회 전반에 강력한 움직임을 만들어 낼 수 있는 MZ 세대. 그들이 자발적으로 ESG를 이해하고 실천할 수 있도록 어필할 수 있는 방법은 무엇일지 고민해 봤다. ESG를 사전적으로 정의하고 고리타분하게 설명하는 것보다 이미지나 영상을 토대로 한 연상 기법은 어떨까? ESG에 대한 인식을 각자에게 맡기며, 머릿속에 자유로운 이미지를 스스로 떠올려 볼 수 있게 말이다. 이왕이면 그 이미지가 즐겁게 기억될 수 있으면 좋을 것 같았다.

ESG를 내 방식대로 다음과 같은 단어로 다시 정리해 봤다.

E: ENJOY
S: SURPRISE
G: GAMIFICATION

 첫째, ENJOY

"즐거움에는 한도 초과가 없다."라는 말처럼, ESG가 위기감을 담은 어려운 개념이 아니고, 공감과 실천 가능한 즐거운 이벤트가 되어야 한다고 생각한다. 단순히 착함이 가득한 공익 광고의 일방향적 선전이 아니다. 재미를 기반으로 누구나 참여하고 따라 할 수 있는 자발적인 챌린지 환경이 선조성되어야 할 것이다. 비단 공공에서만 이끌고 해결해야 할 과제가 아니다. 문화 콘텐츠 최전선의 엔터테인먼트 기업, MCN 기업, 디지털 크리에이티브 기업 등 콘텐츠를 둘러싼 플레이어들이 힘을 모아 ESG가 향하는 즐거운 방향성을 모색해야 할 때다. 이들이 먼저 콘텐츠를 선도하고 공공이 그것을 지원할 수 있는 지속 가능한 구조가 필요하다. 실제로 MZ 세대에게 영향을 줄 수 있는 아이돌이나 인플루언서가 그 시작을 열어 준다면, 좋은 의미의 모방과 실천으로 번져 나가며 세상을 변화시키는 거대한 힘을 만들 수 있을 것이다.

놀라운 경험이 필요하다.

구두 구매를 위해 꽤 오랜 시간 동안 탐색을 했다.

적당히 포멀해야 하고, 적당하지 않게 편해야 하는 두 가지 니즈를 충족시켜 주는 제품을 찾기가 어려웠기 때문이다.

그러던 찰나 일본 여행 중 우연한 계기로 '스텔라 매카트니'라는 브랜드의 구두를 발견했다. 구두와 운동화가 합성된 구동화라고 불릴 만큼 놀라운 착용감과 완성도 높은 디자인이 구매의 결정적 요인이었다. 평소 제품 선택에서 브랜드 가치가 90% 이상은 차지하는 편이다. 그렇기에 그다지 관심 없었던 브랜드인 이 제품과 나 사이의 '지속 가능함'에 대해 조금은 의문이 들었다. 하지만 편안함 자체만으로도 아주 만족스러운 소비였다.

출처: Stella McCartney

본 제품에 대한 가치는 아래의 대화로부터 시작된다. 패션에 조예가 깊은 직장 동료의 얘기였다.

패덕[1]: 신발 예쁘네요. 어디 브랜드예요?
본인: (주저리주저리 설명)
패덕: 스텔라 매카트니면 에코 레더겠네요?

그렇다. 내가 구매했던 이 제품의 가죽은 그냥 가죽이 아니었고, 무려 '에코 레더'라고 한다. 우리가 오랜 시간 동안 '레자'라고 불러 왔던 그것이다. 여기서 핵심 포인트는 '레자'의 놀라운 퀄리티에 있다.

알아보니 '스텔라 매카트니'는 이미 20년 전부터 '지속 가능성'과 '친환경'을 비전으로 선언해 왔던 놀라운 기업이었다. 이후 에코 레더의 가능성과 기술력을 찾아보며 이 제품과 나 사이의 지속 가능한 결속력으로 '스텔라 매카트니'는 나에게 가치 있는 브랜드 중 하나가 되었다. 지금은 이 구두를 오래 신기 위한 케어 방법까지 알아보고 있다.

이 일화를 통해 하고 싶었던 이야기는 ESG가 비단 메시지를 전하고 실천을 유도하는 것에 그치는 것이 아니라, 놀라운 퀄리티로 사고의 전환과 그 경험을 이끌어야 한다는 것이다. ESG가 나아가야 할 올바른 길을 내게 묻는다면 '놀라움'이라는 이정표를 가리키고 싶다.

· · · · · · ·
1) 패션 덕후

 셋째, GAMIFICATION

게이미피케이션은 게임의 메커니즘을 활용해 지식 전달을 하거나, 행동과 관심을 유도하는 마케팅 기법이다.

일본 담배 회사에서 만든 프로모션 부스에서 폐활량 테스트를 했던 기억이 난다. 튀어나온 관에 입을 대고 바람을 불어 넣는 게임이다. 숨을 뱉을 수 있을 만큼 뱉으면 게이지가 차오르면서, 재미있는 인터랙션이 화면과 사운드로 표현되는 게임이었다. 담배 회사의 프로모션이 목적했던 바가 금연인지, 경각심 유도인지, 판매 촉진인지는 지금도 이해는 되지 않지만.

내가 참여해서 인터랙션을 확인할 수 있는 게이미피케이션의 방법이 일상생활에서 적용된다면 어떨까? ESG를 실천하라는 단순 명료한 부담감보다 가벼운 게임을 통해 공감해 볼 수 있는 상황 자체를 만드는 것이다.

예를 들어 인쇄물을 출력하기 위해서 나무 가족 캐릭터를 위해 물을 주고 아껴 주는 행동을 먼저 하게 된다면? 그리고 "지금부터 10미터 눈을 지그시 감고 걸어 보세요."라는 알람 등 일상에서 핸디캡 상황을 게임 미션처럼 제시해 경험하게 해 본다면? 변화는 상황을 직접 경험하고 공감하면서 시작된다.

인류의 화성 이주를 꿈꾸는 것보다, 지구라는 가장 아름다운 행성이 '지속 가능성'이라는 행성이 될 수 있도록.

다시 말해, ESG를 실천하기 위한 가장 강력한 엔진은 일상에서의 즐겁고 놀라운 경험과 공감이다. 특히 우리 콘텐츠 플레이어들이 앞장서서 그 길을 열어 가자.

디지털이라는 활주로를 통해 ESG로 세상을 더 즐겁고 가치 있게 할 수 있는 일이라면 무엇이든.

지켜만 보는 것보다 움직이는 것이 노마드 정신인 것처럼.

유벼리

디노마드 커뮤니케이션 3국 국장

문화 예술 특히 예술이라는 방향에 집중해서 살아가고 있어, 수강 전 ESG는 문화 예술의 지속 가능한 발전 부분의 연결점, 혹은 대다수가 알고 있듯 '환경', '탄소 중립', '마케팅', '투자' 정도의 막연한 인식 정도를 하고 있었다.

지속 가능성은 지금 시대를 살아가는 인간이 직면한 가장 큰 도전 과제라 할 수 있고 '지속 가능한 발전'이라는 개념은 '미래 세대가 자신들의 필요를 충족시킬 수 있는 능력을 해치지 않는 선에서 현세대의 필요를 충족시키는 발전을' 의미한다는 것을 알게 되었다.

'필요'라는 것은 아무래도 의, 식, 주와 같은 기본적인 필요와 인권, 교육, 보건 등의 비물질적인 것들이라고 할 수 있을 것이다.

앞서의 '환경', '탄소 중립', '마케팅', '투자' 정도의 막연한 인식 정도에서 지속 가능성이라는 것은 환경뿐만 아니라 경제, 다양성, 평화, 글로벌리즘, 문화적 다양성 등 사회 전반에 걸친 다양한 이슈와 함께 총체주의적으로 다루어져야 하는 개념이라는 것을 알고, 스스로의 무지에 놀라게 되었다.

사회, 환경, 국제, 정치, 경제 등 현대 사회의 여러 분야에서 지속 가능성이 논의되기 시작했고, 지난 계속의 교육에서 말하듯 지속 가능성의 실천은 이제 미래 생태계, 사회와 환경에 유익한 영향을 주는 장기적인 시각과 포괄적인 책임을 의미하며, 급격한 개발과 자원 고갈, 환경 오염 등으로 인해 인류의 성장이 한계에 달할 것이라는 위기감을 바탕으로 점차 우리가 지향해야 할 새로운 가치관으로 인식되고 있기 때문에, ESG는 결국 범용적으로 인식되어야 하는 사회적 개념으로서 인간들에게 공부와 실천이 필요하다고 느꼈다.

하지만 이번 교육 과정을 통해서 개념을 알게 된 것처럼 ESG가 세상을 바꾸기 위해서는 보다 총체적이고 연속적인 해결책 마련이 필요하고 여기에는 '문화 예술'이 함께 묶여 가게 된다면 사람들의 열정을 배양해 나가는 매개체로서의 역할을 수행할 수 있다고 생각했다.

예술은 다양한 분야에서 지속 가능한 발전에 영향을 미친다. 예를 들어 건축 예술에서는 재료와 에너지 사용의 효율성을 높여 건물의 부정적인 환경 영향을 최소화하는 데 사용하는 방식, 영상 예술로는 제임스 캐머런 감독 영화 〈아바타(AVATA)〉와 같이 무분별한 개발로 생태계에 미치는 재앙에 관한 경고의 메시지를 보일 수도 있는 것이다.

여기에서, '나'의 주변으로 개인의 삶과 회사 측면에서의 실천 가능한 방향을 살펴본다면 수많은 B2G 프로젝트 중에서 지속적으로 집중하고 있는 문화 예술 분야에서 기여할 수 있을 것으로 가능성을 보았다.

지역민을 대상으로 하는 교육 프로그램이나 창작 프로그램을 제공하는 프로젝트를 기획함으로써 다양한 참여를 유도하는 역할을 수행할 수 있고, 지역의 유휴 시설을 활용한 창작 레지던시나 구도심 재생 사업, 벽화 마을 조성 등 예술을 활용해서 지역을 새롭게 브랜딩하고 방문객을 유치하여 지역 경제를 활성화하는 사례를 만들어 내는 것이 그 예가 될 수 있을 것으로 본다.

이처럼 우리 사회의 지속 가능한 발전이라는 측면에서 문화 예술은 개인과 단체의 회복력을 향상시키고 함께 나누는 문화와 예술적 경험을 통해서 단체의 정체성을 향상시킬 수 있다고 본다.

사회가 추구해야 하는 ESG 교육을 통해서 조직의 사회적 역할에 대한 인식이 높아졌다. 사회 공헌 활동으로 그저 선행을 베푸는 자선적 활동이 아닌 이제는 그러한 활동이 경쟁 우위를 확보할 수 있다는 점에서 사회적 가치와 경제적 성과를 동시에 창출할 수 있다는 것으로 보여 이제 사회, 특히 기업은 사회적 가치와 경제적 성과를 동시에 창출할 수 있는 전략을 추진해야 한다는 지속 가능 경영의 중요성을 확인할 수 있었다.

하지만 여기서 온 인류로 시점을 넓힌다면 아무래도 환경을 신경 쓰자고 하는 광범위한 말이 나올 수밖에 없다.

이승현

디노마드 컨벤션 1국 국장

ESG에 대한 인식 변화

ESG는 단순히 환경 문제를 해결하기 위한 하나의 대안으로 인식하고 있었습니다. 하지만 강의를 들으면서 환경에만 치중된 문제가 아닌 지속 가능한 성장을 위한 필수적인 요소라는 사실을 깨닫게 되었습니다.

또한 ESG는 분야를 가리지 않고, 모든 산업에 적용되어 함께 고민해 봐야 할 문제로, 우리 회사도 ESG 경영을 위해 다양한 시도를 하고 있다는 사실을 알게 되었습니다.

특히 우리 회사는 젭(ZEP) 플랫폼을 활용한 메타 오피스를 운영하고 있는 기업으로 물리적인 공간에 대한 사용 축소와 언택트 근무를 통해 탄소 배출을 획기적으로 줄여, 환경 분야에서 탄소 중립을 실현할 수 있는 기반을 마련하고 있습니다.

뿐만 아니라 프로젝트를 진행하면서 탄소 배출 제로, 효율적인 에너지 사용 등 도전할 수 있는 기회가 많이 있기 때문에 환경 분야의 ESG 실천에 특화된 기업이라고 말할 수 있겠습니다.

 ## ESG를 준비하는 우리 회사의 대응 전략

현재 투자 유치를 위한 준비에 한창인 우리 회사의 입장에서 ESG는 정말 중요한 요소입니다. 기업들은 ESG 성과를 매년 '지속 가능

경영 보고서' 형태로 발간을 하고, 이를 바탕으로 투자 여부를 결정하고 있기에, 우리 회사 입장에서는 객관적인 지표를 만들고 ESG 성과에 대한 수치를 누적하여 데이터화하는 데 집중을 해야 한다고 생각합니다. 그러기 위해서는 ESG에 대한 철저한 분석과 세밀한 실천 방안 등 연구가 필요할 것 같습니다.

우리가 잘할 수 있는 ESG 실천 방안을 새롭게 만들어 내고, 업계 기준으로 자리 잡아 간다면 우리 회사는 마이스 분야의 ESG 실천 선두 주자로 어느 기업보다 발 빠르게 대응할 수 있고, 새로운 비즈니스 모델로 무한한 가치를 창출할 것으로 기대하고 있습니다.

🤚 성공적인 ESG를 위한 실천 방안

ESG는 2004년에 처음 등장했다고 합니다. 환경에 대한 관심과 사회적인 분위기, 그리고 투명한 기업 경영에 대한 니즈가 요구되는 현 상황에 가장 적합한 용어이기에 다시금 재조명되고 있다고 판단되는데, 사실 ESG라는 용어가 영원하지는 않을 것입니다. 하지만 환경, 사회, 지배구조라는 키워드는 지속 가능한 성장을 위해 꼭 필요하기에 계속 관심을 갖고 어떤 형태로든 반영을 해야 합니다. 산업마다 그 방법은 다르겠지만, 우리 MICE에서도 ESG 경영을 위해 최선의 방법을 찾아야 하고, 또한 우리 분야의 특성을 살려 ESG의 성과를 어떻게 잘 표현할지 고민해 보는 것도 필요하겠습니다.

MICE&ESG 시너지 효과

 국가와 국제기구, 글로벌 리더들이 한자리에 모여 미래를 만들어 가고, 함께 협의하는 행위가 바로 우리 MICE 산업에서 추진하고 있는 프로젝트입니다.

 ESG의 장점을 부각시키고, 모두의 미래를 위해 ESG가 꼭 필요하다는 공감대를 형성하는 데 우리 MICE의 역할이 정말 중요하단 생각이 듭니다.

 우리 스스로도 ESG 경영을 위한 지속 가능 실천 방안들을 마련하고, 모두가 ESG의 필요성을 공감할 수 있도록 지금의 자리에서 최선의 노력을 다하겠습니다.

이예은

디노마드 컨벤션 2국 파트장

나의 ESG에 대한 인식은 단순하게 '실천'이라는 생각에 국한되어 있었다. 'ESG는 실현 가능한 것일까? ESG로 지속 가능한 미래를 논할 수 있을까? 그저 세계 경제 흐름에 따라가기 위한 평가 요소이지 않을까?'라고 부정적인 측면의 생각이 컸다.

ESG란 '경제 사회에서 투자자 관점으로 기업의 비재무적 요소들을 평가하기 위한 주요한 기준으로 활용되고 있는 새로운 재무 지표'란 의미이다.

위 내용처럼 ESG를 어떻게 숫자로 표기할 수 있을까? 객관적으로 평가가 가능할 것인가? 눈에 보이지 않는 것들의 기준은 어떻게 설정하는 것인가? 등 항상 ESG에 대한 물음표가 따라다녔다. 그리고 항상 어렵게 느껴졌다.

ESG에 대한 기본 지식이 없는 새하얀 도화지인 상태로 서강대 ESG 리더십 과정을 만나게 되었다.

탄소 중립 및 배출, 자원 순환 등 평소에 접하지 않았던 단어들이라 굉장히 어려웠다. 그냥 고개를 끄덕이며 아는 척을 하느라 머리가 지끈거렸다. 이내 마음을 다잡았다. 쉽게 생각하기로 했다.

본 에세이에서는 개인적 측면의 E와 S를 중점적으로 담고, '실천'을 묶어서 정리해 보았다.

사실, ESG에 대해 가장 먼저 떠오르는 것이 환경(E)이었고, 개인이 가장 쉽게 실천할 수 있는 방법이라 생각하여 수업 중 환경 분야에 가장 많은 관심을 가졌다.

수업을 들으면서 가장 놀랐던 부분은, ESG란 막연하다고 생각했던 고정 관념을 깼던 작은 실천 방법이었다.

또한, 이 실천 방법들이 전부 이전부터 다루었던 문제들이었다는 점이다.

전 지구적으로 가장 대두가 되고 있는 분야는 환경(기후 변화, 환경 오염 등)의 문제이다.

환경을 생각하는 캠페인들이 많이 생겨나, MZ 세대를 포함한 전 세대에게 많은 영향을 주고 있으며, 그만큼 ESG에 대한 중요성이 커지고 있다.

냉장고를 자주 열어도, 육류를 많이 먹어도 탄소는 계속 증가한다. 이를 줄이면 저탄소 사회를 만들 수 있다.

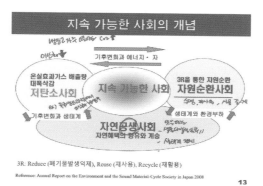

3R: Reduce (폐기물발생억제), Reuse (재사용), Recycle (재활용)

Reference: Annual Report on the Environment and the Sound Material-Cycle Society in Japan 2008

13

Annual Report on the Environment and
the Sound Material-Cycle Society in japan 2008
'ESG 관점의 폐기물 관리와 자원화' 한국폐기물협회 회장 오길종 님 수업 자료

요즘 MZ 세대에게 떠오르는 제로 웨이스트 캠페인과 같이 재활용, 재사용을 하면 자원 순환 사회를 만들 수 있다.

이런 작은 실천들이 지속 가능한 사회를 만들 수 있으며, 일상생활 속 실천하는 작은 것들이 세상을 바꿀 수 있음을 확인할 수 있었다.

사회의 관점에서 가장 중요한 인권 문제, 인권 협약 등 UN에서도 이전부터 많이 다루는 이슈들이 있다.

아동 노동 착취 및 노동 문제 등 국제적으로 많은 노력을 하고 있다.

이처럼, 인류 공동체를 위해 다 함께 실천하고 있는 것이다.

ESG 실천은 세대마다 다른 형태를 보이고 있다.

MZ 세대의 ESG 소비 트렌드 중 '미닝 아웃'은 소비 행위를 통해 자신의 신념과 지지하는 가치를 적극적으로 표현하는 활동이다. 아래 통계와 같이 친환경 제품이 비싸더라도 구매한 경험이 많고, 추가 지출이 가능하다는 결과가 나왔다.

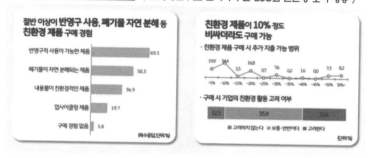

ESG와 커뮤니케이션(2탄) 비제주 기업의 ESG 경영 사례 강의 자료

그렇다면, 나의 삶 속에서 ESG를 실천하고 만들 수 있는 것은 무엇
일까?

사소하고 작은 것부터 생각해 보았다.

마이스 업계에서는 공간 프로젝트를 진행할 때, ESG를 반영한다면
재활용 부스, 친환경적인 자재 등을 활용해 폐기물 없는 구조물을 설
치하고, 지류가 아닌 QR code를 사용하면 지속 가능한 전시회를 만
들 수 있다. 행사에서 다회용 컵을 사용하여 커피를 마신다면 재사용,
재활용을 통한 자원을 순환할 수 있다.

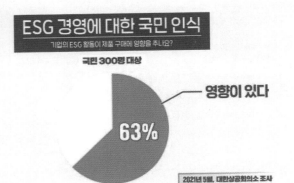

2021년 5월, 대한상공회의소 조사
http://news.bizwatch.co.kr/article/market/2022/06/23/0016
기사에서 발췌

ESG 활동 MICE 산업–마이스 워크넷
(https://www.mice.or.kr/bbs/board.php?bo_table=news&wr_id=752)

코로나19 발생 이후 ㈜디노마드 또한 하이브리드 언택트 근무를 하고 있다. 직원들이 오프라인 출퇴근 횟수를 줄임으로써 탄소 절감을 실천하고 있다.

[ESG] 오늘 디노마드는 총 (000) g 의 탄소절감을 실천했습니다.

이대우 ㈜디노마드
2022. 11. 11. 17:10 · 읽음 154

오늘 디노마드는 총 18,052g 의
탄소 절감을 실천했습니다.

1일 기준, 소나무 **1,003** 그루 심는 효과

디노마드 홈페이지 메인 화면 캡처

㈜디노마드 ESG 무브먼트
- 교통수단에 따른 이산화탄소 배출량 분석,
소나무 1그루당 이산화탄소 흡수량을 비교 지표로 데이터 산출
(한국에너지공단, 산업통상자원부, 국립산림과학원 데이터 협조,
탄소발자국 추적 계산식)

 ESG를 가장 쉽게 실천하는 방법

ESG는 어렵게 생각할 게 아니라 제일 파악하기 쉬운 환경부터 사

회적 활동까지 실무에 어떻게 적용하면 좋을지 새로운 방식으로 끊임없이 고민해 보고, 위 사례를 기본으로 ㈜디노마드 일원들의 크리에이티브한 아이디어를 잘 활용하여 더욱더 효과적인 방안을 생각해 봐야 할 것이다.

에세이를 마무리하면서, 여전히 나는 ESG에 대해 일차원적인 해석을 하고 있을지도 모른다. 지속적으로 ESG에 대한 지식을 쌓아, 각자의 위치에서 가장 쉬운 방법부터, 실천할 수 있는 것부터 시작해 보고자 하며, 작은 실천을 통해 결과를 도출할 수 있도록 노력하는 자세를 가져야겠다고 생각한다.

이우태

––––––––––––––– - -

디노마드 BTL 2국 국장

ESG를 공부하기 전에 바라보았던 ESG에 관한 생각은?
수업 전 ESG란?

언론에서 이야기하는 내용만 들었으며 탄소 배출을 최소화하며 환경을 생각하는 경영이라고 알고 있었습니다. 또한 내가 하는 일과 ESG는 크게 관련이 없다고 생각했습니다.

 ESG 공부를 통해 무엇을 깨달았는가?

오늘날 경영 중심을 차지하고 있는 키워드는 ESG라는 걸 알았습니다.

경제의 주체들이 기업 경영의 기준으로 ESG를 요구하고 있으며 우리나라만이 아닌 유럽연합 역시 기업의 환경, 인권 문제 등에 관한 활동을 의무적으로 보고하고 개선하도록 하고 있다는 걸 알았습니다.

또한 MICE는 ESG와 거리가 멀다고 생각하였으나 ESG 경영 수업을 통해 우리 삶의 모든 분야에 ESG가 깊이 관여되어 있다는 걸 알았습니다.

ESG 공부에서 가장 놀랐던 점은?

우리나라 정부에서도 ESG에 많은 관심이 있다!

자산이 2조 원 넘는 코스피 상장 기업이 친환경, 사회적 활동을 담은 '지속 가능 경영 보고서'를 공시해야 한다는 사실에 많이 놀랐습니다. 미래를 위해 국가에서도 많은 준비를 하고 있다는 것에 많이 놀랐습니다.

 ESG를 공부해야 할 중요한 이유는?

앞으로 기업의 모든 투자를 경정할 때는 ESG 경영을 실천하고 있는지가 가장 중요한 체크 포인트가 될 것입니다.

앞에서 말씀드린 모든 국가 역시 ESG의 중요성을 알고 미래를 위해 ESG를 준비하여 기업의 모든 경영의 지표 및 사회를 위해 ESG를 공부해야 한다고 생각합니다.

 ESG가 세상을 바꿀 수 있다고 생각하는지?

ESG 수업을 들으면서 많은 생각을 하게 되었습니다.

이 또한 그냥 지나가는 경영 방식의 하나가 아닐까?

시간이 지나면 변경되는 경영 방식 중 하나일 것이라고 생각하였습니다. 수업을 들으며 ESG의 중요성과 환경의 중요성을 다시금 느끼게 되었습니다. "ESG가 세상을 바꿀 수 있을까?"라는 질문에 그렇다고 생각합니다.

국가가, 기업이 환경에 대한 인식을 변경한다면 국민, 소비자 또한 변화할 것이라고 생각합니다.

나 또한 작은 실천을 통한다면 세상은 바꿀 수 있다고 생각합니다.

 지금 당장 내가 실천해야 할 ESG는?

1. 대중교통 이용하기
2. 텀블러 이용하기
3. 플라스틱 사용 줄이기
4. 행사장 물품 친환경 물품으로 변경하기 등

 내 삶에서 지속할 ESG를 공유한다면?

현재 수업을 들으며 작게나마 실천하고 있는 ESG는
1. 차량이 아닌 대중교통을 이용 중에 있습니다.
   출퇴근 및 이동 시에는 차량보다 대중교통을 이용하고 있습니다.
2. 플라스틱 사용 안 하기
   현재 사무실에서는 항상 텀블러를 이용 중에 있습니다.
3. 전기 사용 줄이기

집에서는 샤워할 경우에 보일러를 켜며 나머지는 보일러를 켜지
않고 있습니다.

또한 외출 시 모든 집의 전기를 끄고 외출합니다.

우리 회사가 반드시 실천할 ESG로 추천한다면?

현재 우리 회사에서는 ESG를 다양한 방식으로 실천하고 있습니다.

1. 텀블러 사용

  - 직원들에게 텀블러를 나눠 주며 종이컵 및 플라스틱 사용을
   줄이며 직원들 모두 텀블러를 사용 중에 있습니다.

2. 메타 오피스 출근

  - 주 1회 회사 출근으로 업무를 메타 오피스에서 진행하며 탄소
   를 줄이고 있습니다.

기본적인 플라스틱 사용 안 하기, 폐지 사용 금지 등 회사 내에서는
많은 ESG를 실천하여 추천은 따로 없습니다.

우리 사회가 추구할 ESG는?

ESG 등장의 배경에는 지구 온난화가 있습니다. 현재 환경이 급변
하고 있으며 산업혁명 이후 지구의 온도 상승을 줄이기 위해 목표를
정하고 실천하고 있습니다. 정부에서 ESG의 시작으로 환경을 생각

하며, 기업들의 성장을 위한 투자를 위해 ESG를 추구하며 기업의 영향을 통해 소비자들도 ESG를 알고 준비해야 한다고 생각합니다.

온 인류가 추구해야 할 ESG는?

지구 온난화의 문제를 직면하고 있는 인류는 친환경 및 환경 보호 탄소 중립을 실천해야 합니다.

또한 인류의 미래를 위해 ESG 경영에 적극적으로 뛰어들며 개개인 모두가 탄소 중립을 위해 힘써야 합니다.

내가 말하고 싶은 ESG

ESG 수업을 들으며 ESG에 관심이 많이 생기게 되었습니다. 처음에는 그냥 지나가는 경영 방식이라고 생각하였지만 수업을 들으며 미래 인류에게 꼭 필요한 부분이라고 생각했습니다.

현 인류에게는 크게 다가오는 느낌이 없겠지만 미래를 위해 꼭 필요한 경영이라고 생각하며 미래의 인류를 위해 국가, 기업에서 ESG를 꼭 실천해야 한다고 생각합니다.

이종호

———————— - -

디노마드 경영전략실 이사 (COO)

콘텐츠의 홍수 시대, 개인화된 큐레이션이 일반적이고, 플랫폼들도 그 개인화의 최적화에 사활을 걸고 있는 요즘 OTT 서비스(Over-the-top media service) 두세 가지 정도 결제해서 콘텐츠를 시청하는 것은 흔한 일이다.

디즈니 플러스의 '마블 콘텐츠' 이야기를 꺼내려고 OTT 서비스에 대한 이야기로 글을 시작해 봤다. 기존에 내가 생각하던 '정의로움'은 마블의 히어로가 등장하는 영화에서 악당을 물리치고, 지구의 평화를 구하는 것과 같은 느낌이 '정의로움'이었다. 경찰이 하는 일이, 그리고 검찰이 하는 일이 그렇다고 생각했고, 가끔 뉴스에 등장하는 정의로운 시민상을 받는 몇몇의 용감한 시민이 그렇다고 생각했다.

사실 '정의로움'의 역할을 기업과 연결 지어 생각해 본 적도 없고, 환경에 대한 고민을 집중적으로 하는 몇몇의 기업에 대해서도 '착하다.'라는 생각 외의 의문점을 가져 본 적도 없다.

하지만 ESG Leadership mini MBA 과정을 통해서 '정의로움'에 대한 스스로의 정의가 많이 달라졌고, 더 넓어지고 있다고 느낀다. 기업의 정의로움 기준과 정의가 대내외적으로 굉장히 중요하다는 것을 알아 가고 있고, 그러한 정의로움이 수치화될 수 있다는 것도 알게 되었다. 기존에 내겐 멋지기만 했던 '정의로움'이 기업이기에 당연하게도 이익, 이윤, 투자와 붙어 있는 것이 아직은 어색하기도 하다.

    대행사는 기업 중에서 아주 특이한 형태의 업무로 수익을 창출하는 기업에 속한다. 기업의 특정 업무, 특히 광고와 행사를 대행하는 대행사는 클라이언트의 상황과 방향에 따라 업무가 변하기 때문에 똑같은 광고나 프로젝트가 없다고 볼 수 있다. 그래서 업무를 단순하고 명확하게 규정하기도 어렵다. 그런 성격의 기업인 대행사에 ESG라는 개념이 처음엔 잘 어울리지 않는 옷처럼 보였다. 처음엔 ESG를 생각하면 프라이탁이나 파타고니아 같은 브랜드만 생각이 났으니까.

    하지만 수업을 듣게 되면서 ESG 경영의 필요성이나 가치에 대해서 고민하게 될 기회가 많았다. 기업을 위해서 그리고 사회를 위해서 필요한 가치라는 것을 자주 느끼게 되었는데, 점점 ESG라는 옷이 대행사에도 어울려 보이기 시작했다.

    이번 기회에 스스로 ESG에 대한 관심도를 측정해 보는 것도 필요하다고 생각했는데, 역시나 일반적인 직장인의 관심도와 유사하게 환경에 가장 관심이 큰 것으로 파악되었다. 과거에 서울새활용플라자의 주말 프로젝트를 기획, 운영한 적이 있었는데 단순한 환경 이상의 관심이 생긴 때는 이때가 처음이었다. 이때가 관심의 시작이었다면, 개인적인 활동은 일주일에 세 번 분리수거를 하고, 아침마다 텀블러를 챙기고, 환경을 생각하는 기업을 기억하고 있다는 정도의 개인적인 활동과 관심이 처음 시작이었다. E와 S와 G 모두를 개인이 실천하는 것은 무리라는 생각 이전에 시작할 생각도 하지 않았다는 것이 더 사실에 가깝겠다.

나는 스스로의 평가도 꽤 냉정한 편이어서 실천하는 ESG, 개인의 ESG는 한계가 있다는 생각은 지금도 변함없다. 하지만 환경에 있어서는 자신의 습관으로 만들고, 스스로 삶의 가치로 정하고, 또 내 아이에게 알려 줄 교육적인 내용을 배우는 데에 ESG의 몇 가지를 선정하는 것에는 긍정적으로 고려가 된다.

첫 번째, 내 습관으로 만들 기준은 '집(당연히)과 회사에서 물은 텀블러나 개인 컵으로 마신다.'이다. 이 글을 쓰면서 스스로도 '참 작고 보잘것없는 습관이다.'라고 생각했다. 하지만 회사에 출근하는 평일, 물을 3~4번 정도 마실 경우 1년 평일 기준 종이컵 한 박스 정도를 사용하지 않게 된다.

두 번째, 스스로 삶의 가치로 정할 기준은 '다음 세대를 위한 최소한의 관심과 노력'이다. 아직 비건처럼 스스로 적극적으로 실천하거나 환경운동가처럼 흐름을 만들 자신은 없지만 관심을 가지고 일반적인 노력을 하기로 했다. 가정에서 지킬 수 있는 분리수거에 대한 가

이드나 일회용품을 줄여 나가는 규칙, 그리고 비건 운동이나 환경에 집중한 마케팅을 진행 중인 소비재 브랜드들의 실과 허를 구분하는 관심을 가지려 하고 있다.

세 번째는 자녀와 함께할 수 있는 교육에 ESG를 함께 고민해 보는 것인데, 기업이니 투자니 하는 방향에 대해서는 전혀 고려하고 있지 않다. 상식적이고 일반적인 수준에서 개념을 조금씩 알려 주는 것을 생각하고 있는데, 통상적인 환경에 대한 교육을 유아 시기에 하는 것을 시작으로 조금 큰 이후에는 인권에 대한 개념과 필요성을, 그 이후에 경제적인 관념이 좀 형성된 이후에는 사회적인 공정성과 지배구조에서의 책임에 대한 부모의 생각을 알려 주는 단계로 고민하고 있다.

사실 ESG가 기업과 연결 지을 수밖에 없는 개념이라 개인적인 영역에서의 고민보다는 재직 중인 업계에 어떤 개념이 필요하고 어떻게 활용할 수 있을까에 대한 고민들을 더 하게 되었다. 대면으로 진행되는 프로젝트성의 행사는 환경에 반하는 제작물이 많이 제작될 수밖에 없는데 클라이언트의 요구에 따라 진행되는 프로젝트의 성격상 대행사의 결정 권한에는 한계가 있을 수밖에 없다. 하지만 대행사도 어느 정도 방향성과 투자를 한다면 지켜 나갈 수 있는 기준은 존재하겠다는 생각도 들었다. 예를 들면 업사이클링 브랜드와 업무 협약을 통해 제작물의 업사이클링 방안을 고민해 보거나, 일회성으로 사용하는 배너들을 LED 패널을 활용한 배너로 사용할 수 있게 투자를 하는 등의 방향이 쉽게 고민할 수 있는 방향이 아닐까 한다.

그리고 임직원의 다양성을 존중하는 채용 전략과 처우 환경들을 만들어 가는 것이 열린 사고를 우선적으로 할 수 있는 대행사의 충분한 가능 영역이 아닐까 한다. 다양한 아이디어와 자유로운 근무 환경이 일반적인 대행사 환경에서 인재에 대한 경영 방향만큼 알맞은 전략이 있을까? ESG 차원의 장점뿐만 아니라 실제 사업에 있어서도 강점을 발휘할 수 있는 방향이라고 생각한다.

정상영

--- - - -

디노마드 PM전략실 수석

ESG에 관하여, 배우고

ESG를 배우고 처음 알았을 때는, 제안서를 쓰던 중 ESG를 반영한 기획이 필요했습니다. 그래서 단순 ESG를 "애쓰자."라는 콘셉트로 기획서를 작성했던 기억이 있으며 또한 그 제안서를 쓰던 중 CSR과 비슷한 기업의 사회 공헌 활동이라고 생각했습니다. 이 수업 과정을 통해서 ESG가 가진 의미를 비롯하여 국가, 기업 그리고 국민으로서의 책임과 역할을 다해야 한다고 생각했습니다.

ESG를 기회로

ESG 경영대학원의 기회로 수업을 받으면서 ESG는 선택이 아닌 필수 사항이 되었으며 단순 환경 문제에서 비롯된 현상이 아닌 ESG 활동으로 사회의 미치는 영향력이 크게 증가했고 기업의 사회적 책임과 더불어 투자자와 소비자들도 기업을 평가하는 절대적 지표가 될 것이라고 생각했습니다. 또한 돈을 잘 버는 기업이 최고였던 시대를 지나 전 세계적으로 상호 작용을 통해서 기업의 성장이 사회적으로 어떠한 영향을 미치는지도 중요하다고 생각하게 되었습니다. 글로벌적으로 친환경이 중요시되고 있는 상황에서 언젠가는 가야 할 방향이라고 생각하며 기업의 경쟁력을 위해서도 구체적인 플랜이 구축되어야 한다고 생각합니다.

우리 사회가 추구할 ESG

ESG를 바라보았을 때 단순 국가에서 움직이는 활동 또는 기업에서 하는 행위라고 생각했습니다.

수업을 들으면서 국가, 기업뿐만 아니라 현재 많은 국민이 직접적인 실천을 하고 있으며 자원 낭비를 막기 위해 일회용품 사용을 줄이고 친환경 제품을 소비하는 등 환경 보호에 동참하고 있는 점을 알게 되어 놀랐습니다. 또한 현재 MZ 세대 10명 중 6명은 비싸더라도 ESG 실천 제품을 산다는 것을 알고 더욱 놀랐습니다.

우리나라 기업들 또한 RE100이라는 캠페인에 적극 참여하고 있어 지금 모든 사회 국가에서 많은 활동으로 CSR을 넘어 진화하고 있는 현상에 놀라웠습니다.

또한 기업의 무형자산의 가치가 증가했다는 부분입니다. ESG는 환경뿐 아니라 사회, 지배구조적인 면에서도 대두되고 있습니다. 기업의 평가 항목뿐 아니라 경제 지표까지 반영되고 있어 이제는 ESG 경영은 단순히 '착한 기업'이 되기 위함이 아니라 기업 생존을 위해 필수적 항목이 되어 가기 때문에 국가와 많은 기업은 급변하는 환경에 적응하여 대응해야 한다고 생각합니다.

나의 전문성을 더 성장시킬 수 있는 ESG 전략은

BTL 사업은 특수성이 있다고 생각합니다.

자원의 재사용이 불가능하고 또한 일회용으로 진행되는 부분이 많아서 ESG를 공부한 내용과 불일치하다고 할 수 있을 것 같습니다. 그래서 앞으로는 최대한 재생산이 가능한 물품과 또는 그런 업체들과 컨소시엄을 통해서 자원을 확보할 예정이며, 기획적인 부분으로 적용하여 반영할 예정입니다. 추가로 1.5도 이하로 억제하기로 약속한 만큼 우리나라를 포함한 세계 주요국에서는 탄소 배출량을 절감하거나 장기적으로 탄소 배출량을 제로화하기 위한 계획을 수립해야 합니다.

또한 탄소 국경세가 실현될 경우 탄소를 배출한 기업의 글로벌 가격 경쟁력은 저하되는 만큼 탄소 배출을 줄이는 방법을 강구해야 할 것 같습니다.

우리 회사가 추구할 ESG

단순 개인이 최대한 할 수 있는 과제는 크고 거창한 활동이 아닌

1. 개인 컵 사용하기
2. 출퇴근 시 대중교통 이용하기
3. 분리수거하기

4. 절전 모드

등 우리의 관심과 실천이 환경 보호라는 거대한 결과의 밑거름이 될 수 있도록 적극 실천할 예정입니다.

현재 가장 노력하고 있는 부분은 분리수거, 전기 절약입니다. 추가로 자녀가 있어서 친환경 제품 사용과 물티슈를 적게 쓰려는 노력을 하고 있습니다.

㈜디노마드는 ESG 경영이라는 캠페인에 적극 동참하고 있습니다. 대중교통 이용하기, 재택근무, 텀블러 지급 등으로 에너지 절약에 노력하고 있습니다. 앞으로 어떻게 변화할지 모르지만 현재 많은 기업에서 선언한 RE100을 실천한다면 글로벌 회사로 거듭날 수 있을 것 같습니다.

나의 전문성의 가치와 개인으로서 성장시킬 수 있는 ESG는

1. 친환경 캠페인 활동(음식, 폐기물 저감)

2. 사회 가치 창출, 동반 성장

3. 바른 기업 윤리, 기업의 투명성입니다.

작은 것이 모여 큰 목표를 이루는 것같이 국가, 기업, 개인은 각자의 역할에 맞도록 목표를 설정해야 할 것입니다.

ESG 세간의 통로가 되다

ESG는 투자와 경영의 영역을 넘어 이제 일상생활 속으로까지 들어

오기 시작했습니다. 특히 MZ 세대가 ESG에 뜨겁게 호응하며, ESG 소비(사회적 가치뿐만 아니라 환경적 가치, 기업의 윤리성과 투명성까지 고려해 구매를 결정하는 소비 방식)가 중요한 화두가 되고 있습니다.

이때 ESG 소비의 예시로 MZ 세대의 새로운 소비 트렌드로 자리 잡고 있는 '미닝 아웃'이 있습니다.

'미닝 아웃'이란 미닝(Meaning)과 커밍아웃(Coming out)의 합성어로, 소비자들이 소비 행위를 통해 자신의 신념과 지지하는 가치를 적극적으로 표현하는 활동이 많은 만큼 국가도 사회도 우리도 단순 흥행이 아닌 지속적으로 유지하여 글로벌의 방향에 따라 함께하는 ESG가 되었으면 좋겠습니다.

조가현

디노마드 인재전략실 이사 (CHO)

첫 수업, ESG의 HR 적용에 관한 의문

나는 인사노무 전문가인 공인노무사이다. ESG라는 개념을 알고는 있었으나, 막연히 환경 보호와 관련된 내용일 것이며, 대기업이나 제조업에서만 지켜야 하는 것으로 생각했었다.

첫 수업, 역시 내 생각이 맞았다.

제조업 및 대기업 중심의 사례들이 수업에서 소개되고, 탄소 중립 Net Zero, RE100 등 환경과 같은 개념들이 강사님들 입에서 쏟아져 나왔다.

들으면서 곧바로 후회했고, 다음과 같은 생각들이 머릿속을 스치고 지나갔다.

'내가 환경학자도 아닌데 이 수업을 왜 들어야 하는가?'

'중소기업이 혹은 제조업이 아닌 기업들이 과연 ESG를 적용할 방안이 있을까?'

'나의 전문 분야인 HR 분야에 적용할 수 있을까?'

'HR 분야에 적용한다고 과연 회사의 지속 가능성에 도움이 될까?'

위와 같은 생각이 스쳤으나, 일단 신청한 수업이니 끝까지 들어 보자는 마음으로 수업을 계속 들었다.

왜 'E'만 강조하는가

수업을 계속 들으면서 느낀 것은 ESG 중 'S(사회)'와 'G(거버넌스)' 측면의 적용 사례가 별로 없다는 것이었다.

그래서 그간 수업을 통해 배운 내용을 토대로 그 이유를 계속 고민해 보았고, 이에 대해 내린 결론은 다음과 같다.

ESG 열풍이 불기 전에는 기업의 지속 가능 경영을 위해서 필요로 하는 키워드를 TBL(Triple Botton Line)이라고 하였는데, 이는 지속 가능 경영을 위한 세 가지 축인 바로 환경적 건전성, 경제적 수익성, 사회적 책임성을 의미한다.

이 중 기업은 그간 이윤 추구 측면에서 경제적 수익성을, 기업의 사회적 책임인 CSR 측면에서 사회적 요소를 중요시해 왔고, 환경적 건전성은 지속 가능 경영과 큰 관련이 없다고 생각하여 등한시해 온 듯하다.

그러나 기후 변화 등과 같은 현상이 전 세계적으로 발생하고, 머지 않아 인간의 자연 파괴 행위가 곧 인간의 멸망을 불러올 것이라는 전문가들의 의견에 따라 환경적 이슈가 대두되기 시작하였다.

그러는 와중에 기존의 TBL(Triple Botton Line)의 경제적 요소가 거버넌스로 변형이 되어 현재의 ESG라는 개념이 등장하게 된 것이다.

이러한 ESG 개념의 등장에 따라 기업들은 그간의 환경적 이슈들을 흡수하면서 최신 경영 트렌드인 ESG 경영을 실천하고 있다는 것을 가장 손쉽게 보여 줄 수 있는 방법이 바로 ESG 중 환경적 요소라고 생각하여 지금까지 많은 기업이 'E'에 초점을 맞추고 있는 것이다.

HR에는 ESG를 어떻게 적용해야 하는가

그런데 실질적으로 내가 전문으로 하는 HR 분야에는 ESG 중 'E'를 적용할 수 있는 부분이 거의 없다고 볼 수 있다. 그래서 '그렇다면 과연 S나 G 부문을 어떻게 하면 인사노무 시스템에 적용할 수 있을까?'를 고민하였고, 고민의 결과를 소개하고자 한다.

나의 이러한 고민의 결과는 다음과 같은 인사노무 시스템에서 시작한다.

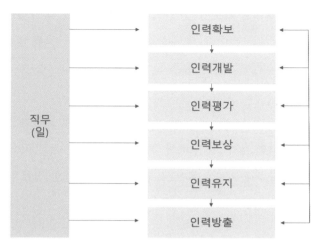

[그림1] 인사관리의 기능적 제 요소 간의 관계

출처: 《신인사관리》 제5판, 박경규 저

　[그림 1]과 같이 인사노무 시스템은 직무(일)를 기반으로 인력확보, 인력개발, 인력평가, 인력보상, 인력방출 이렇게 6가지 기능이 유기적으로 연결되어 있다.

　그런데 이 중 ESG의 'S'와 'G'를 누구나 아는 방법으로 손쉽게 적용할 수 있는 부분은 인력확보와 인력평가 부분이라는 생각이 들었고, 그 예시는 다음과 같다.

　첫째. 인력확보의 'S' 적용이다.

먼저, 어떤 인력을 확보할 것인지의 문제인데, 사회적 약자에게도 채용의 기회를 주는 것이다. 예를 들어 장애인 채용 인원을 늘린다든지, 경력 단절 여성의 채용 비율을 높이는 것이다.

다음으로 어떻게 인력을 확보할 것인지의 문제인데, 회사가 명확한 채용 기준을 세워 보다 '공정'하게 채용하는 것이다. 예를 들어 기존의 채용 절차를 되돌아보고 채용 절차의 공정화에 관한 법률에 위배되는 것은 없는지 살펴보는 것이다.

둘째, 인력평가의 'G' 적용이다. 거버넌스, 즉 기업 지배구조의 개념은 상당히 복잡한데, 내가 생각하는 기업의 지배구조란 거시적으로는 주주와 경영진 사이의 이해관계를 조절하는 장치를 의미하고, 미시적으로는 경영진과 근로자 사이의 이해관계를 조절하는 장치라고 본다.

이러한 개념으로 본다면 인력평가 시스템은 미시적 측면의 기업 지배구조라고 할 수 있다.

중소기업의 경우에는 평가 체계가 갖추어지지 않은 경우가 많은데, 인력평가 시스템 자체를 기업의 지배구조 중 하나로 본다면 평가 체계를 갖추는 것만으로도 어쩌면 ESG 중 'G' 영역을 반영한 경영을 하고 있다고 볼 수 있다.

ESG의 본질을 생각하며 적용하라

제조업이 아닌 중소기업에서는 ESG 중 'E' 측면의 경영은 할 수 없을지라도 생각보다 쉽게 인사관리 시스템 중 인력확보와 인력평가 부분에 'S'와 'G'를 적용할 수 있고, 일부 기업은 이미 적용하고 있을지도 모른다.

다만 중요한 점은 앞서 언급한 부분을 이미 실행하고 있다고 해서 그 기업이 꼭 ESG 경영을 실행하고 있다고 할 수는 없다.

왜냐하면 ESG 경영의 본질은 지속 가능성인데, 위와 같은 행위들로 인해서 기업의 지속 가능성을 잃거나 방해한다면 아무런 의미가 없기 때문이다.

따라서 ESG를 HR에 적용할 때 ESG 경영의 본질인 지속 가능성을 잊지 않고, 각 기업만의 독특한 방식으로 ESG를 적용했으면 한다.

조경인

디노마드 컨벤션 2국 파트장

기업의 역할과 활동에 대한 패러다임의 변화로 인해 기업의 ES-G(Environment, Social, Governance) 활동은 기업에 대한 평가의 지표로 자리 잡게 되었다. 환경 문제의 심각성, 경제 양극화 현상, 노사 갈등, 기업의 사회적 기여를 중시하는 분위기 속에서 기업의 ESG 활동의 중요성은 더욱 커질 수밖에 없을 것이며 기업의 가치는 기업의 ESG 활동을 통해 결정되는 구조가 고착될 것이라 예상되고 있다.

그렇다면 "내가 업으로 삼고 있는 문화 예술 분야에도 ESG가 적용 가능하다고 보는가?" 하는 질문을 던진다. 행사 한 번에 발생하는 다량의 일회용품과 행사가 끝나면 버려지는 현수막 등의 폐기물을 줄일 수 있을까? 한 단계 더 고민해야 하기에 당장은 번거롭고, 이론적으로는 가능하다는 것을 알겠으나 적용하기에는 막막하게 느껴졌다. 그럼에도 불구하고 국내에서 이미 ESG를 실천한 사례를 찾아볼 수 있었다.

축제 현장에 자체 제작한 다회용 용기를 제공하는 부스를 설치해서 관객들이 보증금과 약간의 사용료를 내고 음식을 담을 용기와 컵을 빌려 갈 수 있도록 한다. 사용 후 반납하면 보증금은 돌려준다. 사용료는 음식값을 할인받아 상쇄시킬 수 있다. 음식 판매자들은 용깃값을 아껴 음식을 할인해 준다.

실제로 해당 축제에서 나온 쓰레기는 전년 대비 98% 줄었다. 3,500명 정도 오는 축제를 기준으로 할 때 대부분 일회용 용기로 채워진 100L짜리 쓰레기봉투가 400개 정도 배출되었으나, 다회용 용기 대여를 했더니 같은 축제에서 100L 쓰레기봉투가 5개밖에 나오지 않았다.

출처: 《중앙일보》 축제 한 번에 100L 쓰레기봉투 400개… 5개로 줄인 비결은
https://www.joongang.co.kr/article/23944327

국내에서는 '서울인디페스티벌', 'DMZ 피스트레인 뮤직페스티벌', '테크노 페스티벌 디 에어 하우스' 등에서 적용된 사례가 있다. 축제에 참여하는 사람들이 불편함을 호소하지 않을까 하는 우려와 달리 기꺼이 주황색 다회용 용기에 음식을 담아 먹고 반납했다. 축제가 끝나고 산더미같이 쌓이는 일회용 용기를 보지 않아도 돼 더 즐거워했다고 한다.

여기서 시사점은 참가자들은 실천을 통해 환경에 한 번 더 관심을 가지게 되는 계기가 되고, 이 제도의 도입으로 단순히 발생하는 쓰레기를 줄이는 것에 그치지 않고 동시에 몇천 명에게 영향력을 행사할 수 있다는 점이었다.

애리조나주에서 환경을 전면에 내세운 호코 페스티벌의 한 참가자는 말한다. "음악과 예술 축제는 참가하는 사람들에게 깊은 인상을 남긴다. 생생한 경험으로 형성된 기억은 오래 남을 것이다. 환경에 대한 간단한 실천을 통해 우리는 의식을 높이고 우리 문화에 긍정적인 영향을 미칠 수 있다."

출처: [Mixmag] Can a Music Festical help save the world?
https://mixmag.net/feature/hoco-fest-festival-tucson-arizona-2022-review-sustain-
ability-environment

한국의 프라이탁을 표방하는 도메스틱 브랜드 또한 이미 존재했다. 업사이클링 브랜드 '누깍'은 축제나 공연이 끝나면 소각될 수밖에 없는 현수막 등의 폐기물들을 가지고 한국형 업사이클에 도전한다.

서울남산국악당은 공연 제작 시 발생하는 폐홍보물을 제공하고, 누깍은 제공받은 폐홍보 출력물을 사용하여 다양한 제품의 디자인과 제작을 맡는 업무 협약을 맺음으로써 작은 실천을 통해 환경에 대한 사회적 관심을 이끌어 냄과 동시에 공연 후 버려지던 각종 홍보물을 재활용하여 전통 예술 향유에 대한 대중적 접근을 높이고자 한다.

서울남산국악당 윤성진 총감독은 "이제 지속 가능한 지구를 고민하는 ESG의 실천은 기업만이 아니라 문화계도 관심을 가지고 추진해야 하는 과제가 되고 있으며, 공공 공연장에도 환경을 지키는 작은 실천이 요구되고 있다."라고 말한다.

출처: 버려지는 공연 현수막의 무한한 변신 서울남산국악당×누깍
https://www.gukjenews.com/news/articleView.html?idxno=2295470

전엔 '이런 재사용, 재활용이 과연 실효성이 있을까?' 하는 의문이 있었다. 취지가 좋은 업사이클링 제품이라고 해도 소비자가 보기에 프라이탁의 아류밖에 안 된다면 과연 그것이 소비로 이어질까? 하지만 지금은 그것이 소비로 이어지지 않는다고 해도, 폐기물을 이용해 업사이클링 제품을 만들고 판매하는 일련의 과정에서 참여하는 구성원이나 이해관계자, 제품을 접하게 될 시민 개개인에게 그 영향력이 퍼져 나간다면, 더 많은 사람이 ESG를 인지하고 그 인식이 스며들어 작은 실천으로 이어진다면 세상을 바꿀 수 있지 않을까 기대한다.

조준영

─────────────── - -

디노마드 파트너전략실 실장

필자에게 ESG란 금융 투자자로서 투자의 수단이었다.

화석 연료보다는 전기 혹은 수소와 연관된 기업, 투명한 재무제표 및 부패하지 않은 이사회를 보유한 기업, 여성을 주요 보직 및 이사회에 배치한 기업, 지속 가능한 성장을 위해 기업에 미치는 이미지를 중요시하는 기업을 투자의 대상으로 판단하였다. 그로 인해 자연스럽게 ESG를 접하게 되었다.

수박 겉 핥기 수준으로 이해하고 있으나, 그 ESG가 직접적으로 나에게 미치는 영향이 크지 않다고 판단하여 나의 삶의 무게를 두지 않았다고 하는 게 솔직한 마음이다.

종이컵을 머그잔으로, 낮은 층은 계단으로 소소한 탄소 배출을 줄인다고 해서 나에게 돌아오는 것은 조금의 뿌듯함과 건강해지는 몸, 그 이상 그 이하도 아니었다.

🧠 ESG는 우리 삶에 다가오고 있다

이번 ESG Leadership mini MBA 수업을 수료하면서 개인들의 이 작은 선한 행동들이 모여 사회에 엄청난 변화가 일어날 수 있다고 판단하게 되었다. 또한 글로벌 기업들은 환경 및 사회 이슈를 고려한 소비자가 원하는 제품 개발을 통해 수익을 발생시키며, 고용 창출을 높이는 비즈니스 혁신을 실현하고 ESG, 즉 사회적 가치 기반의 지속 가능한 성장을 위하여 구체적인 방향성까지 제시하고 있다는 것을 배우게 되었다. 기업뿐만 아니라 정부의 방향성도 착한 기업에게는 탄소 배출권, 세제 혜택 및 국민연금의 투자로, 일시적인 트렌드가 아닌 글로벌 ESG 로드맵으로 나아가야 할 방향을 정확히 제시하고 있다.

ESG는 기업 투자의 주요 포인트가 되었다.
전 세계 1·2위 자산운용사인 블랙록과 뱅가드 등 금융 투자 회사들은 이미 적극적으로 기후 변화를 비롯한 ESG 요소를 반영해 투자 결정을 하고 있다
국내로는 연기금, KEDI30(한국경제 지수), TIGER KEDI30(미래에셋) 등 주요 금융사들의 인식 전환으로 ESG 경영은 주요 글로벌 경영 트렌드로 자리 잡은 상황이다.

ESG의 리딩 브랜드가 되어 보자

㈜디노마드는 ESG 트렌드에 발맞춰 나아가야 한다.
과감한 언택트 근무로 출퇴근을 줄여, 이동 시 발생될 탄소 배출을 줄이고, ㈜디노마드의 주력 사업인 G2B와 B2B 프로모션에서도 기획자로서 일회용 제작물을 친환경 제작물(생분해 현수막, 종이 전시 부스 등)로 바꾸는 변화를 선도하여 정부 부처, 기업 클라이언트에게도 ESG

요소를 강조하고 가격의 저렴함보다 친환경 제작물을 사용함으로써 ESG를 지키는 착한 이미지 브랜딩의 필요성을 지속적으로 강조하여야 한다.

이 화두는 넘어야 할 산이다.

휘발성이 강하고 저렴한 소모품 비용을 환경 오염과 탄소 배출을 고려하여 제작하기란 비용 대비 효율로 보면 현격히 부족하기 때문이다. 이 부분은 MICE, 프로모션 업계의 인식을 개선하고, 소비자의 친환경 제품의 니즈를 적극 반영한 데이터를 근거로 제시한다면 ㈜디노마드는 친환경 프로모션 기업의 리딩 브랜드로 거듭날 수 있다.

ESG의 조기 교육

ESG는 조기 교육이 필요하다. 폐휴지를 모으기 위해 아버지가 보시던 신문, 어머니가 보시던 잡지 및 책 등을 노끈으로 묶으며 선생님께 칭찬을 받기 위해 무거운 폐휴지를 뒤뚱뒤뚱 들고 초등학교에 가져갔던 기억이 있다. 이때의 기억으로 폐휴지만 보면 자연스럽게 차곡차곡 쌓는 버릇이 남아 있다.

ESG를 성인이 되어서 접한 사람들에게는 환경적인 이슈가 주된 통념이지만, 어린이에게 ESG를 교육한다면 향후 10~20년 뒤에는 환경, 사회, 지배구조에 대한 인식이 지금보다 투명하며, 습관화되어 엄청난 변화를 불어올 것이다.

ESG는 내 것을 줄이는 것이다

우리 사회는 앞으로 더 많은 공유, 순환 경제를 지향해야 한다.

자원의 낭비를 줄이고 지역 사회와 함께 발전해 나가는 가치를 공유하여야 한다. 글로벌 자원 생태계를 보호하고 자원이 부족해지면 원자재 가격 상승이 이어질 것이며 수요가 늘어나 자원 추출이 상승하면 환경 위기를 더욱 가속화시킬 것이라 판단된다.

그렇게 생산된 제품은 사용 후 폐기물이 발생하고 그중 일부만 재생 처리될 것이다.

내가 소유한 차가 꼭 필요할까? 수많은 공유 플랫폼의 등장으로 나의 상시 소유물이 아닌 필요시 선택적 렌트 소유로 변화하고 있는 추세다. 이 변화는 앞으로 더욱 가속화될 필요가 있다.

 마치며

위와 같은 사회가 되려면 위의 말한 조기 교육과 사회적 신뢰가 필요하다. 내 것이 아니어도 소중히 다루는 마음, 다음번 사용자를 위한 시간 약속 등 성숙한 시민 의식이 필요하다.

이제는 글로벌 환경적 이슈, 기업의 지속 가능한 생존 전략으로

ESG는 선택이 아닌 필수이기 때문에 시민 의식도 빠르게 트렌드에
맞춰야 한다.

  이처럼 ESG를 수료하는 과정에서 E(Environmental), S(Social), G(Governance)의 단어별 의미를 배우며, 기업, 개인, 사회 구성원 모두가 나만의 커스터마이징 ESG를 만들어야 한다. 작은 실천들이 모여 그것을 공유하고 칭찬받는 사회 분위기가 완성될 때 비로소 완벽한 ESG를 볼 수 있지 않을까?

최병두

소속: 제일기획

주요 경력: 글로벌 마케팅 커뮤니케이션 30년

서강대 지속성장연구센터 전문위원

전문성: 통합 마케팅 커뮤니케이션 전략

모두를 위한 쓴 단약, ESG

ESG를 제대로 알기 전 ESG에 대한 나의 생각은 다음과 같았다. 블랙록(Black Rock)을 포함한 글로벌 기관 투자자들의 압박, 유럽을 비롯한 선진국들의 무역 장벽[2] 강화, 글로벌 빅테크 기업들의 공급망 가이드라인 강화[3] 그리고 가시화된 공시 의무[4] 등으로 국내 기업들은 턱없이 부족한 신재생 에너지[5]와 국가적 지원 부재에도 불구하고 생존을 위해 기업들이 의무적으로 이행해야 하는 계륵(鷄肋)과 같은 숙제라고 생각했다.

· · · · · · ·

2) 탄소세: 석탄, 석유, 가스 등의 화석 연료에 대해 탄소 함유량에 따라 세금을 부과함으로써 탄소 배출을 감소시키며 외부 효과를 내재화하는 경제적인 감축 수단. 유럽연합, 미국 등 선진국의 무역 장벽 도구로 활용되고 있음. 탄소국경세(탄소국경조정제도, CBAM): 유럽연합(EU)으로 수입되는 제품의 탄소 함유량을 조사해 EU의 탄소배출권거래제(ETS)와 연계된 탄소 가격을 별도로 부과. 2023년부터 3년 동안은 수입품의 탄소 배출량 보고만 받고 2026년부터는 실제로 부과하는 방식.

3) RE100(Reusable Energy100): 화석 연료가 아닌 재생 가능한 태양열, 풍력, 수력, 해양 에너지, 지열 에너지, 바이오 에너지를 지칭.

4) 자산 규모별 ESG 정보 공개 의무 일정(자료: 금융위원회, 한국상장회사협의회)
   - 지배구조보고서(거래소): '22년(1조 원 이상), '24년(5천억 원 이상), '26년(전체)
   - 환경정보공개(환경부): '21년(1조 원 이상), '25년(5천억 원 이상), '30년(전체)
   - 지속가능보고서(거래소): '25년(2조 원 이상), '30년(전체)

5) 2020년 영국 BP가 집계한 국가별 재생 에너지 발전 비중: 한국 6.7% vs OECD 회원국 평균 17.0%

ESG를 배우면서 ESG 핵심 개념인 지속 가능성은 당초 UN이 주도[6])하고 각 국가가 실천해야 했으나 각 국가가 의무적으로 움직일 수 있도록 강제화하는 법적 권한이 없기 때문에 글로벌 기관 투자자들을 동원, 일종의 금융 투자 가이드를 통해 기업들이 움직일 수밖에 없도록 만든 배경임도 알게 되었다.

또 하나의 배움은 UN, 선진국, 글로벌 투자자들의 직간접적 압박과는 별개로 기후 위기는 더 이상 타협이나 선택 사항이 아닌 온 인류의 생존과 직결되는 문제라는 점이었다. 선진국은 이미 산업 구조를 일찍이 탈(脫)탄소로 바꾸는 작업을 진행해 온 반면, 한국은 상대적으로 준비가 늦었고 여건도 매우 불리한 상황이지만 디지털로의 산업 패러다임 전환에 잘 부응해 개도국에서 선진국으로 빠르게 위상을 올렸던 것처럼 현재 진행 중인 4차 산업혁명, 즉 디지털 기술 융합 흐름을 잘 활용해 또 한 번 환골탈태(換骨奪胎)를 한다면 ESG 과제를 잘 풀어 갈 뿐 아니라 새로운 비즈니스 패러다임을 선도하는 미래 청사진도 그려 볼 수 있을 것이다.

단 ESG만으로 세상을 근본적으로 다 바꿀 수 있다고는 생각하지

....

6) NGC(UN Global Compact): 기업의 사회적 책임 실천을 강조하기 위해 2000년 코피 아난 전 UN 사무총장이 제안한 국제 협약으로 인권, 노동, 반부패의 4개 분야 10대 원칙으로 구성. UN SDGs(Sustainable Development Goals): 2015년 제70차 UN 총회에서 2030년까지 달성하기로 결의한 지속 가능 발전의 이념을 실현하기 위해 설정한 인류 공동의 17개 목표.

않는다. 그 이유는 환경(E), 사회(S), 지배구조(G) 이외에도 인류가 풀어야 할 복잡한 숙제가 너무나 많기 때문이다. 그럼에도 불구하고 전 세계 모든 정부와 기업이 ESG 경영에 관심을 가짐으로써 인류와 지구의 내일을 위해 우리가 무엇을 해야 하는지에 대한 고민을 나눌 수 있고, 나아가 4차 산업혁명의 융복합 기술을 통해 기후, 식량, 사회 문제와 같은 난제들을 해결함으로써 인류가 생존하고 지속 번영할 수 있는 지속 가능성 제고 차원에서 ESG는 분명 훌륭한 지렛대(Leverage)가 될 것임이 틀림없다.

내가 추구할 ESG

ESG는 유행했다가 사라지는 단순 트렌드가 아니며 기업과 기업을 둘러싼 모든 이해관계자가 현시점의 생존과 성장은 물론 미래 세대에서도 지속 가능성을 확보하기 위해 함께 고민하고 함께 솔루션을 찾아야 하는 시대정신이자 실천 과제이다. 때문에 ESG의 배경과 의미를 잘 이해하는 것이 매우 중요하다.

이미 많은 기업이 ESG 경영 활동을 하고 있고 언론에서도 자주 다루고 있지만 범국민적 계몽을 위한 시스템 및 관련 콘텐츠가 절대 부족한 것이 사실이다.

궁극적으로 ESG는 정부나 기업만의 숙제가 아니라 국민 모두가 이해하고 참여해야 진정한 효과를 볼 수 있는 시대적 과제인바, ESG가 더 보편화 되기 위해서는 남녀노소(男女老少) 누구나 쉽게 이해할 수 있을 만큼의 수준[7]으로 콘텐츠가 해석되고 정리되는 동시에 관련 교육이 진행되어야 한다. 이 분야가 바로 필자가 관심을 갖는 영역이다.

우리 회사가 추구할 ESG

제일기획은 2023년이면 창립 50주년을 맞이하게 된다. 지난 49년 간 대한민국 광고 마케팅 커뮤니케이션 시장을 선도해 왔고 글로벌 업계 19위의 매출과 62개 네트워크[8]를 보유한 명실상부한 글로벌 회사이다. 2021년부터 사내 ESG 전담 조직을 구축해 다양한 ESG 활동을 한 결과, '22년 한국 ESG기준원(KCGS)에서 발표한 ESG 평가에서 A(우수) 등급[9]을 획득한 바 있다.

그럼에도 불구 WPP, IPG, Dentsu와 같은 글로벌 TOP 에이전시들과 비교할 때 아직은 부족한 점이 많은 것도 사실이다. 개인적 생각

· · · · · · · ·

7) 《마법천자문》: 중국의 고전 소설 《서유기》를 바탕으로 한 아동 한자 학습 만화. 북이십일(아울북)이 2003년 시작, 2022년 현재까지 출판되고 있는 높은 인기(2018년 2500만 부 돌파)를 자랑하는 국민 어린이 만화책.
《먼나라 이웃나라》: 이원복 교수 글·그림. 김영사가 1981년부터 출간, 현재까지 연재 중. 《Why?》 시리즈가 나오기 이전까지 학습 만화계에 적수가 없었던(2021년 1800만 부 판매) 전설적인 인문·역사 계열 학습 만화.

8) 2019년 기준 45개국 53개 거점과 9개 자회사 보유.

9) 환경(E) B+ 등급, 사회(S) A 등급, 지배구조(G) A 등급.

이지만 우선 동종업계 최초로 RE100에 가입[10]해 재생에너지 사용의 모범을 보여 줄 필요가 있다. 둘째 업의 개념이 인적 자원 회사인 만큼 글로벌로 지역 사회에 기여할 수 있는 '재능기부[11]' 캠페인을 연간으로 진행하면 좋을 것 같다. 셋째 '1% For the Planet[12]'에 공식 가입하고 광고주들의 참여도 독려한다면 글로벌 환경 보호에 실질적으로 기여하는 기업 이미지 구축에 도움이 될 것으로 생각한다.

🌱 우리 사회가 추구할 ESG

영국 킹스칼리지(King's College)가 28개국을 대상으로 한 조사 결과 우리나라는 사회적 갈등 요소가 매우 큰 국가[13]라고 한다. 여러 분야의 뿌리 깊은 갈등으로 온 사회가 불필요한 에너지와 비용을 소진하고 있다는 의미이다. 특히 다양성 문제는 개선이 시급한데 선진국은

....

10) REC(신재생에너지공급인증서, Renewable Energy Certificate) 구매 또는 제3자 PPA(전력구매계약, Power Purchase Agreement) 구입.

11) 회사 내 전문 인력들의 재능을 활용 지역 소상공인 돕기, 지역 청소년 디자인 교육 등 CSR 캠페인 진행.

12) 2002년 파타고니아의 창업자 이본 쉬나드(Yvon Chouinard)와 블루 리본 플라이의 설립자 크레이그 매튜(Cgraig Mathews)가 더 많은 기업이 매출의 1%를 환경 단체에 기부하도록 장려하기 위해 설립. 1%의 금액을 '지구세'로 명명. 기업 및 개인 모두 멤버십 참여가 가능(매출 1% 또는 급여 1%를 기부). 2018년 기준 기업 멤버 1,500개 이상, 지원받은 환경 단체 40개국 2,000개 이상 기록.

13) '국가 시민 갈등 항목 설문 조사' 12개 항목 중 한국인은 7개 항목(이념, 빈부, 성별, 학력, 지지 정당, 나이, 종교)에서 갈등이 심하다고 응답. 응답한 비율이 세계 1위를 기록.

ESG에서 다양성(DEI)[14]에 많은 비중을 두고 있는 반면, 한국에서는 아직 그렇게 중요하게 다루지 않고 있다.

ESG는 기본적으로 백인백색(百人百色)의 국민이더라도 미래 세대를 위해 모두가 공감할 수 있는 대의적인 방향을 담고 있다. 때문에 실제 실행 방안에 대해서도 이해관계자 간 서로 다를 수 있는 생각의 차이를 다양성의 틀 안에서 해석하고 오히려 더 나은 솔루션을 찾기 위한 과정으로 만들어 가는 발상의 전환이 필요하다. 그 출발은 유치원 아이부터 성인 모두 ESG 교육을 받을 수 있는 사회적 시스템 구축과 공감 형성에서부터일 것이다.

우리나라가 추구할 ESG

ESG를 달성하기 위해 우리나라는 매우 불리한 환경인 것이 사실이다. 매우 부족한 재생 에너지와 고물가, 고유가, 고환율이라는 악재 그리고 지정학적 리스크 등이 한국 경제를 짓누르고 있다. 이런 상황에서는 대다수의 기업이 장기적 관점의 ESG 투자보다는 당장 오늘의 생존에 더 집중할 수밖에 없다. 그러나 동시에 글로벌 대세적 흐름인 ESG를 따라가지 못한다면 이 또한 장기적인 도태로 이어질 수 있기 때문에 "피할 수 없으면 즐겨라."와 같은 적극적인 역발상이 필요한 시점이다.

· · · · · · ·

14)   DEI: Diversity(다양성), Equity(형평성), Inclusion(포용성)

특히 대한민국은 역사적으로 위기에 강한 DNA를 가지고 있다. 1970년대 "잘살아 보세."를 표방한 새마을 운동으로 1980~2000년 대에 마침내 한강의 기적을 이루었고, 1997년 글로벌 금융 위기(IMF)를 온 국민의 금 모으기로 극복했던 것처럼 지금부터 온 국민이 ESG를 통해 대한민국의 지속 가능성 제고와 미래 세대를 위한 부강하고 건강한 국가를 만드는 데 집중한다면 한국은 다시 한번 이름뿐인 선진국이 아니라 질적으로도 앞서가는 선진국이 될 것이다.

인류가 만들어 갈 ESG

2018년 기준 글로벌생태발자국네트워크(GFN)가 집계한 글로벌 생태발자국[15]에 따르면 전 세계가 현재 소비 수준을 유지하기 위해 필요한 지구의 면적은 현 지구의 1.7배라고 한다. 파타고니아의 창업주 이본 쉬나드(Yvon Chouinard)는 이미 인류는 지구가 가진 역량의 1.5배를 소비하고 있고 2050년 인구가 100억이 되면 지구 역량의 3~500%가 필요한데 이는 곧 파산을 의미한다고 했다. 무슨 설명이 더 필요하겠는가?!

인류가 만들어 갈 ESG의 방황은 명확하다. 점점 더 현실화되고 있

....

15) 생태발자국(Ecological Footprint): 인간이 살아가면서 소비하는 데 필요한 천연자원의 양을 그 자원의 생산에 필요한 토지의 면적으로 환산한 것.

는 지구적 재앙[16]이 더는 대응이 불가능한 수준으로 인류의 생존을 위협하기 전에 지구가 회복할 수 있는 시간을 만들어 주고 이를 위해 ESG에 대한 실질적인 액션을 추진해야 한다.

물론 그런 효과를 보기까지 막대한 비용과 투자가 소요되겠지만, 세계적인 전문가들이 인정하는 한국인들의 융복합적 사고력과 빠른 실행력을 십분 살려 혁신적인 솔루션을 지속적으로 만들어 내면 ESG 의 편익이 비용을 넘어서는 골드 크로스(Gold Cross)[17]를 앞당길 수 있을 것이다.

 나의 전문성을 더 성장시킬 수 있는 ESG 전략

지난 약 30여 년간 국내 및 글로벌 마케팅 커뮤니케이션을 다양한 형태로 경험해 보았고 대부분의 캠페인 전략을 직접 기획하고 운영했다. 그 결과 홍보나 마케팅 수단 중 하나일 뿐이라고 여길 수 있는 기업 커뮤니케이션이 때로는 그 이상의 의미, 즉 기업의 생존과 성장에 중요한 역할을 하는 동시에 국민에게 위로와 공감을 넘어 용기와

· · · · · · · ·

16) 기후 위기, 자원 위기, 다양성 위기, 식량 위기, 전염병 등 악순환 발생.

17) "탄소 중립 이행 초기에는 전환 비용이 편익을 상회하지만, 언젠가는 편익이 비용을 추월하는 시점(골드 크로스)이 온다." 최태원 SK 회장의 '탄소 중립 정책 세미나' 기조연설.

희망을 직접 전달할 수 있는 매우 의미 있는 소통의 창구[18]임을 깨닫게 되었다.

1994년 존 엘킹턴(John Elkington)은 ESG의 핵심 가치인 지속 가능 성장을 달성하기 위한 3가지 조건(Triple Bottom Line)으로 3P[19]를 제시한 바 있다. 파타고니아와 같이 이미 ESG적 가치를 추구하며 성장한 글로벌 기업은 물론 국내에서도 기업의 성장과 사회적 책임을 균형 있게 달성하기 위해 노력하는 스타트업 기업들이 점점 더 많아지고 있어 고무적이다.

그런 ESG에 진심인 기업들을 연구해 보면 다음과 같은 공통점을 발견할 수 있다. 첫째 비즈니스 목적을 분명하게 설정하고 있다(Purpose). 둘째 고객의 잠재 니즈를 충족시켜 줄 수 있는 차별화된 제품 및 서비스를 가지고 있다(Differentiation). 셋째 사회적 이해관계자들과 적극적으로 소통하고 그들과 협업해 더 많은 사회적 참여를 유도한다(Openness).

플라스틱 대신 종이 용기를 사용하는 맞춤형 구독 비건 화장품 기업으로 알려진 톤28이나 생분해되는 플라스틱 용기를 사용하는 피부 과학 비건 기업인 시타(SIITA) 등이 그 예이다. DX 기술 융합 기업들에도 이런 특성을 가진 기업들이 있다. 근거리 통신 기술을 활용해 미아

....

18) 삼성 기업 광고. IMF 직후 대국민에게 용기를 주기 위한 '함께 가요 희망으로' 캠페인 전개.

19) John Elkington의 지속 가능성(Sustainability)을 달성하기 위한 3P: Profit, Planet, People

를 방지할 수 있는 스마트 밴드를 개발한 리니어블(Lineable)이나 투명한 정보 플랫폼 도입으로 불합리한 정보 비대칭 문제를 해결한 헤이딜러(중고차 매매 플랫폼), 카닥(차량 정비 정보 플랫폼) 등도 그 예이다.

이런 기업들은 모두 저자가 ESG를 공부하면서 알게 된 기업들이다. 30여 년간 기업 커뮤니케이션 전략을 해 온 저자로서는 ESG를 통해 기업들이 그 해법을 찾아가는 여정과 방법을 연구하고 그 결과를 의미 있는 콘텐츠로 만들어 세상과 공유하는 것이 전문성을 더 제고시키고 동시에 ESG적 삶을 실천하는 길이라고 확신하고 있다.

ESG 세상과 소통의 채널이 되다

시장과 고객이 필요로 하는 가치를 창출하고 그 가치 창출에 투여된 비용과 가격의 효율을 통해 이윤을 극대화하는 것이 변치 않는 기업의 본질이다. 그런데 생존을 위한 이윤 창출도 만만치 않은 요즘 환경에서 기업들이 왜 사회와 환경에 투자를 해야 하는 것일까?

가장 큰 이유는 고객의 변화이다. 특히 소비의 핵심인 MZ 세대는 기존 세대 대비 재활용 제품, 친환경 상품에 더 호의적이고 환경 파괴를 줄이기 위해 구매 습관을 바꿀 의향도 있는 '가치 소비'로 대변되는 세대이다. 때문에 기존에 제품과 서비스의 질만 높이면 시장 점유율을 확보할 수 있었던 기업의 통상적인 접근은 더 이상 유효하지 않게 되었다. 나아가 MZ 세대들은 단순히 기업의 상품과 서비스를 구매하는 수동적인 개념에서 자신들의 소비 생활이 어떤 긍정적인 사회적 가치를 끌어낼 수 있는지에 관심이 높아졌다.

결론은 분명하다. 이제 기업은 똑똑하고 적극적인 소비자들로부터 그들의 가치와 부합되는 제품과 서비스를 만들어 낼 수 있어야 생존할 수 있고, 나아가 기업의 존재 목적과 가치가 그들로부터 공감과 지원을 받아야 성장할 수 있다. 그런 점에서 ESG는 세상, 즉 소비자들과 소통하는 가장 효율적인 주제이자 방법이다.

MZ 세대의 소비 마인드와 ESG

밀레니엄 세대[20]와 Z 세대[21]를 합친 MZ 세대는 미국 인구의 43%, 전 세계 인구의 49%를 차지한다. 이들은 글로벌 경제의 가장 큰 노동력일 뿐만 아니라 곧 부모로부터 부의 이전을 받을 미래 소비의 핵심 세대이기도 하다.

글로벌 조사 기관인 퓨리서치센터(Pew Research Center)의 설문 조사에 따르면 MZ 세대는 기후 변화 문제에 대한 높은 수준의 참여도를 보이고 있고 밀레니엄 세대의 1/3, Z 세대의 19%는 ESG 요소를 고려한 투자 상품을 자주 또는 독점적으로 사용한다고 한다. 특히 Z 세대의 40%가 예상 소득이 증가함에 따라 투자 결정이 '목적이 있는 회

. . . .

20) 1981~1996년생. 베이비붐 세대와 초기 X 세대의 자녀들.
21) 1990년 중후반~2010년대 초년생. 밀레니엄 세대와 알파 세대 사이의 세대.

사'에 의해 주도된다고 답했다고 한다.

글로벌 시청률 조사 기업인 닐슨(Nielsen)에 따르면 밀레니엄 세대의 75%는 환경친화적인 제품을 선호하는 구매 습관으로 바꿀 정도로 친(親)환경을 의식하고 있고 90%는 지속 가능한 투자를 추구하는 데 관심이 있다고 한다. 특히 Z 세대 소비자의 3/4은 브랜드 이름보다 지속 가능성이 더 중요하다고 답했다고 해 ESG와 지속 가능성은 이미 MZ 세대와 떼려야 뗄 수 없는 가치가 되고 있음을 보여 주고 있다.

그럼 한국의 MZ 세대는 어떨까? 2022년 대한상공회의소가 MZ 세대 380명을 대상으로 한 조사 'MZ 세대가 바라보는 ESG 경영과 기업의 역할' 결과를 보면 조사 대상의 64.5%가 ESG 기업 제품은 비싸도 구매한다고 답했고 32.1%는 비쌀 경우 구매 의사가 없다고 답했다고 한다. 해석하면 ESG 제품이면 무조건 더 비용을 내겠다는 것이 아니라 같은 가격이면 더 선호하거나 조금 더 낼 의향이 있다는, 즉 '이왕 같은 값이면'의 의미로 해석할 수 있다.

성장 관리 앱인 그로우가 MZ 세대 928명을 조사한 결과 10명 중 8명 (79%)이 "나는 가치 소비자다."라고 답했다고 한다. 대한상공회의소의 조사에서도 "가치 소비를 반영하는 신조어 중 가장 중요하다고 생각하는 개념이 무엇이냐?"라는 질문에 가심비(46.6%)[22], 미닝 아웃(28.7%)[23]

. . . .

22) 가격 대비 심리적 만족도. 비용과 상관없이 만족스러운 것을 구매하는 소비 행태. 가성비에 반대되는 말로 사용.

23) '믿음, 신념'의 meaning과 '벽장에서 나오다'라는 뜻의 Coming Out의 합성어. 소비를 통해 개인의 신념과 가치관을 드러내는 것.

순으로 답변해 MZ 세대는 개인의 신념과 가치관을 소비를 통해 드러내는 것을 의미하는 '가치 소비'가 무엇보다 중요한 것을 알 수 있다.

무늬만 추구하는 ESG 폐단 어떻게 극복할 것인가?

범사회적으로 ESG 경영이 점점 더 중요해지면서 동시에 빛과 그림자처럼 ESG에 편승한 어두운 그림자가 있으니 바로 '그린 워싱(Green Washing)'이다. 그린 워싱은 환경운동가 제이 웨스터벨트(Jay Westvelt)가 처음 쓴 용어로 이후 2007년 캐나다의 친환경 컨설팅 업체인 테라 초이스(Terra Choice)가 기업의 환경 관행이나 제품, 서비스의 환경적 편익에 대해 소비자를 오도하는 행위라는 정의와 함께 7가지 기준[24]을 제시하면서 정립되었다.

유럽, 미국 등 선진국과 한국은 이러한 그린 워싱을 방지하기 위해 다양한 입법과 규제안을[25] 마련해 놓고 있다. 그럼에도 불구하고 최근에는 친환경(ESG)을 표방했으나 사후 진실이 아닌 것으로 드러나자 침묵을 지킨다는 뜻의 '그린 허싱(Green Hushing)' 개념도 등장했다.

. . . .

24) 테라 초이스(Terra Choice) 그린 워싱(Green Washing) 7가지 죄악: 상충 효과 감추기(Hidden Trade Off), 증거 불충분(No Proof), 애매모호한 주장(Vagueness), 관련성 없는 주장(Irrelevance), 두 가지 악 중 덜한 것(Lesser of Two Evils), 거짓말(Fibbing), 허위 라벨 부착(Worshiping False Labels)

25) 한국 표시, 광고에 대한 규제: 제품의 환경성 관련(환경부), 부당한 표시, 광고 관련(공정거래위원회)

흔히 '초록 가면' 또는 '위장 환경주의'라 불리는 그린 워싱은 왜 근절되지 않는 것일까? 국내 녹색 기업 지정 사례의 경우 전문가들은 온실가스 배출 점수 등 평가 시스템의 부실을 지적한 바 있다. 2021년 영국 공정거래위원회의 조사 보고서에 따르면 영국에서 발생한 그린 워싱 사례 중 50% 이상은 소비자가 판단할 수 있는 만큼의 충분한 정보를 제공하지 않기 때문이라고 한다.

그린 워싱을 방지하는 최선의 방법은 무엇일까? 정부는 확고한 가이드라인과 규제 및 평가 체계를 제시해야 하고 기업은 자의든 타의든 그린 워싱으로 귀결되는 오류를 범하지 않기 위한 내부 검증 프로세스를 구축해야 한다. 지금은 디지털, SNS의 발달로 소비자들의 정보 접근이 매우 더 용이해져 기업의 어설픈 거짓이나 해명이 더는 통하지 않는 시대가 되었다. 그린 워싱 방지의 최선책은 첫째도 둘째도 그리고 셋째도 '진정성'일 수밖에 없다.

대한민국을 대표하는 기업 삼성전자는 2022년 IFA에서 다양한 에너지 절감 신제품을 선보였음에도 불구, 친환경이라는 이미지를 전면에 부각하는 대신 "실천 가능하고 목표를 뚜렷하게 해서 친환경 전략을 발표하겠다."라고 매우 신중하게 접근한 바 있다. 물론 그 약속은 몇 달 후 '신환경 경영'으로 구체화되면서 지켜졌다. 진정한 ESG 경영의 출발은 섣부른 과장이나 무책임한 미래 약속이 아니라 분명한 목표 설정과 구체적 실천 방안을 기반으로 한 진정성 있는 커뮤니케이션이어야 함을 잘 보여 주고 있다.

- 천형성: 서강대학교 경영전문대학원 경영컨설팅miniMBA 책임교수

- 최병두: 제일기획 프로/서강대 지속성장연구센터 전문위원/글로벌마케팅

- 이대우: ㈜디노마드 대표/ MICE 전문가/ MICE

- 권경훈: ㈜디노마드 CSO/ 사업전략기획 및 매니지먼트 전문가

- 김명성: ㈜디노마드 콘텐츠2국 국장/ 기획전문/ 콘텐츠 기획

- 김주연: ㈜디노마드 인재전략실 책임 파트장/ 인사 전문/ HRM

- 김준구: ㈜디노마드 경영전략실 수석/ 문화콘텐츠, 기획, 커뮤니케이션

- 김태호: ㈜디노마드 전시2국 국장/ 산업전시, 전시주최, 공간연출 전문

- 문영훈: ㈜디노마드 커뮤니케이션 1국 국장/ 기획전문/ 문화기획

- 문현진: ㈜디노마드 콘텐츠 3국 국장/ 기획연출전문/ 문화이벤트

- 박효철: ㈜디노마드 브랜드전략실 CBO/ 브랜드 전문가/ 마케팅

- 유버리: ㈜디노마드 커뮤니케이션 1국 수석파트장/ 콘텐츠 기획 전문

- 이승현: ㈜디노마드 컨벤션 1국 국장/ MICE 기획/ 국제회의 전문

- 이예은: ㈜디노마드 전시2국 책임파트장/ 공간 기획/ 디자인,전시 디렉터

- 이우태: ㈜디노마드 BTL2국 국장/ 기획연출전문/ 프로모션·이벤트

- 이종호: ㈜디노마드 경영전략실 COO/ 콘텐츠기획 및 전략 전문가

- 정상영: ㈜디노마드 BTL1국 국장/ 브랜드마케팅/ 프로모션 기획

- 조가현: ㈜디노마드 인재전략실 CHO/ 공인노무사/ HR컨설팅

- 조경인: ㈜디노마드 전시 2국 책임파트장/ 문화예술기획/ 전시·공공미술

- 조준영: ㈜디노마드 파트너전략실 실장/ 프로모션 전문/ 팝업&이벤트

ESG 노마드
지속가능한 MICE를 향한 도전과 열정

1판 1쇄 발행 2023년 12월 08일

저자 이대우 · 천형성 · 최병두 외 공저

교정 주현강 **편집** 문서아 **마케팅 · 지원** 김혜지

펴낸곳 (주)하움출판사 **펴낸이** 문현광

이메일 haum1000@naver.com **홈페이지** haum.kr
블로그 blog.naver.com/haum1000 **인스타그램** @haum1007

ISBN 979-11-6440-483-4 (03320)